Linuxで快適PCライフ

最新のWindowsをインストールできないPCの徹底活用術

日向俊二●著

・本書の内容についてのご意見、ご質問は、お名前、ご連絡先を明記のうえ、小社出版部宛文書（郵送または E-mail）でお送りください。
・電話によるお問い合わせはお受けできません。
・本書の解説範囲を越える内容のご質問や、本書の内容と無関係なご質問にはお答えできません。
・匿名のフリーメールアドレスからのお問い合わせには返信しかねます。

本書で取り上げられているシステム名／製品名は、一般に開発各社の登録商標／商品名です。本書では、™ および ® マークは明記していません。本書に掲載されている団体／商品に対して、その商標権を侵害する意図は一切ありません。本書で紹介している URL や各サイトの内容は変更される場合があります。

はじめに

いま皆さんがお使いの PC は、いつ頃入手されたものでしょうか。

最近買ったばかりならば素晴しい。新製品を買って二、三年ほどでもおそらく問題ないでしょう。仕事に趣味に、大いにご活用ください。

使いはじめて四、五年以上になる、もしくは、中古品を安く手に入れたという方々は注意が必要です。ひょっとすると来年の今ごろは安全に使用できなくなっているかも知れません。ものによってはすでに安全に使用できない状況にある可能性も否定できません。

2025 年 10 月に Windows 10 のサポートが終了します。また、Windows 11 でも、Version 23H2 は 2025 年 11 月にサポートが終了し、Windows 11 の Version 22H2 と Version 21H2 はすでにサポートが終了しています。そして問題なのは、PC の性能によっては最新の Windows 11 にアップデートできない可能性があるということです。

それでもどうしても Windows が使いたい、もしくは使わないといけない事情があるのであれば、新たに PC を購入する他ないでしょう。しかし、とりあえずネットを利用できればよい、文書作成や表計算がそこそこ使えればよいということであれば、今ある PC に Linux をインストールして試してみてはいかがでしょうか。

クライアントとして利用する Linux では要求される性能がそこまで高くはないので、最新の Windows にアップデートできない PC であっても快適に利用できるようになる可能性があります。

また、Linux では、近年実用になるアプリが充実してきて、オフィスソフトや Web ブラウザ、メールソフト、画像編集ソフト、その他の多くのアプリを使うことができます。そのため、Windows マシンで行っていた作業の多くを Linux マシンで行うことができます。本書では（サーバーではなく）デスクトップマシンとして Linux を活用する方法を説明します。

Linux にはさまざまな種類がありますが、本書では最も普及している Ubuntu を使います。またオフィスには LibreOffice を使う方法を説明します。インターネットやメールには定番アプリを紹介します。これらのアプリひとつひとつについて詳細に本書で説明することはできませんし、バージョンや環境の違いで多少戸惑うこともあるでしょうが、ネット上には日本語による情報が豊富なので、本書で基本的なことを知れば、Linux アプリを容易に活用できるようになるでしょう。

Linux で快適な PC ライフを楽しんでください。

2024 年 12 月 著者しるす

本書の表記

［X］	キーボードのキーを押すことを示します。たとえば、［F5］は F5 キーを押すことを意味します。
［S］＋［X］	キーボードの S キーを押したまま X キー押すことを示します。［Ctrl]＋[F5］は、Ctrl キーを押したまま F5 キーを押すことを意味します。
＄	Linux のプロンプトを表します。

本文を補足するような説明や、知っておくとよい話題です。

ご注意

● 本書の内容は本書執筆時点で得られた情報をもとに記述しています。今後の Linux およびその他のソフトウェア、ハードウェアの変化に伴い、将来的に本書の記述と実際の動作に差異が発生しうる可能性があります。

● Ubuntu のバージョンによっては、メッセージなどが英語のままの場合があります。

● 本書では主に Linux のインストールメディア（DVD または USB メモリー）を作成してインストールする方法を説明しています。OS を DVD または USB メモリーからブート（起動）できない構成の PC では Linux をインストールできない場合があります。

● インストールその他の操作は、読者の判断と責任において実行してください。本書に記載されているかどうかにかかわらず、何らかの操作の結果として問題が発生しても、筆者・発行者・出版社は責任を負いません。

● 本書の内容は、Linux をクライアントとして使うことを前提としています。サーバーとして使うことは想定していません。

● 本書は Linux（Ubuntu）やアプリのすべてのことについて完全に解説するものではありません。特に本書で紹介しているアプリはそれぞれ多くの機能を持っていますが、本書ではそれらすべてについて説明していません。必要に応じてそれぞれのドキュメントなどを参照してください。

本書の使用ソフトウェアのバージョン

● Linux Ubuntu Desktop：24.04
● Linux Ubuntu 日本語 Remix：22.04

本書に関するお問い合わせについて

　本書に関するお問い合わせは、sales@cutt.co.jp にメールでご連絡ください。

　なお、お問い合わせの内容は本書に記述されている範囲に限らせていただきます。特定の環境や特定の目的に対するお問い合わせ、特定のアプリの使い方などにはお答えできません。また、本書執筆時以降のソフトウェア、ハードウェアの変化に関連するお問い合わせにもお答えしかねます。あらかじめご了承ください。

　お問い合わせの際には下記事項を明記してくださいますようお願いいたします。

- 氏名
- 連絡先メールアドレス
- 書名
- 記載ページ
- 問い合わせ内容
- 実行環境

はじめに.. iii

第 1 章　Windows から Linux へ　　1
1.1　PC の OS 2
1.2　システムの調査 5
1.3　移行の準備 8

第 2 章　インストール　　15
2.1　Linux のインストール 16
2.2　Linux Ubuntu のインストール 18
2.3　Ubuntu 日本語 Remix のインストール 29
2.4　アップデート 39

第 3 章　基本操作と設定　　41
3.1　基本操作 42
3.2　端末での操作 45
3.3　ファイルの操作 50
3.4　設定 59

第 4 章　日本語入力　　61
4.1　入力の方法 62
4.2　文字とフォント 67
4.3　日本語関連のアプリ 70

第 5 章　インターネットとネットワーク　　73
5.1　Web ブラウザ 74
5.2　メール 78
5.3　ファイアウォール 84

第6章	オフィス	89

6.1 LibreOffice 90

6.2 文書編集と表計算 91

6.3 LibreOffice のさまざまなツール 95

6.4 その他のツール 102

第7章	画像と PDF	107

7.1 画像の表示 108

7.2 画像の作成と編集 108

7.3 PDF の閲覧 114

7.4 PDF の作成 115

第8章	さまざまなコンテンツ	119

8.1 Web コンテンツ 120

8.2 AV 122

第9章	ゲーム	133

9.1 アプリセンターのゲーム 134

9.2 ゲーミング PC 142

第10章	プログラミング	145

10.1 Python 146

10.2 C 言語 152

10.3 C++ 155

10.4 Java 159

10.5 開発環境 161

付録		169

付録 A Linux の主要な操作 170

付録 B トラブル対策 180

付録 C 参考リソース 186

索引 187

vii

第1章
Windows から Linux へ

この章では、Linux の概要や、Windows から Linux へ
の移行準備について説明します。

1.1 PCのOS

　ここではOSやLinux（リナックス）の概要、Linuxに移行するという観点からWindowsについて簡潔に説明します。

OSとアプリ

　文書の作成や表計算、画像の作成や加工などのためにPC（Personal Computer、パソコン）で操作するソフトウェアは、**アプリ**（アプリケーションソフトウェア）といいます。そして、アプリを動作させるためのソフトウェアを**OS**（Operating System）といいます。よく使われているOSには、たとえば、Linux、Windows、macOS、Chrome OS、Androidなどがあります。一般ユーザーが通常利用するアプリは、これらのOSが動作している環境で機能しています。

　現在、（サーバーでない）クライアントPCのOS（正確にはOSとウィンドウシステムが統合されたもの）として最も多く使われているのがWindowsですが、PCでは、他にLinuxやmacOSがよく使われています。

　さらに、OSを起動させるために最初に実行されるBIOS（Basic Input Output System）というプログラムもPCの内部で使われています。

Linux

　Linuxは、1991年に最初のバージョンが公開された歴史と実績のあるOSです。LinuxはサーバーのOSとして広く使われていますが、クライアントPCのOSとして利用することもできます。

　Microsoft Windowsは優れたOSですが、それだけ高性能なCPU、豊富なメモリー、大容量のストレージ（ハードディスクやSSDなど）を要求します（PCの性能を左右するこれらの要素を、まとめてリソースと呼びます）。それに対して、クライアントとして利用するLinuxの快適な動作に必要となるリソースはかなり低い水準です。そのため、Windowsをインストールできないような古いPCでも、Linuxをインストールすることで快適に利用できる可能性があります。

　なお、Linuxそのものは、厳密にいうとOSの機能を提供する際に中心となるカーネルと呼ばれる部分だけを指します。さまざまなものをグラフィカルに表示するウィンドウシステムや、ユーザーが直接利用するアプリは含まれていません。Linuxカーネルとウィンドウシステムやアプリなどの一連のソフトをひとつにまとめ、利用者が容易にインストール・利用できるようにしたものを**Linuxディストリビューション**と呼びます。

　Linuxには複数のディストリビューションがありますが、最も広く使われているのは、**Ubuntu**（ウブントゥ）です。

> Ubuntu は、ubuntu と表記することがあり、また Linux Ubuntu と呼ばれることがあります。

Linux Ubuntu のディストリビューションには、さまざまな面で日本語化されている Ubuntu Desktop 日本語 Remix と、より新しいバージョンを使うことができる Ubuntu Desktop があります。また、Ubuntu Desktop には、安定性を重視した長期サポート版（LTS 版、long-term support 版）と、最新機能の提供を優先した比較的サポート期間の短い版の 2 種類があります。

Ubuntu Desktop 24.04 は、本書執筆時点で最新の Ubuntu Desktop LTS 版で、2029 年 4 月までサポートされます。また、サポート期間が終了する前に、次の LTS 版がリリースされるという計画になっています。

Ubuntu Desktop 日本語 Remix は、通常使われるほとんどの部分が日本語化されているうえに、OS をドライブにインストールしないライブ CD での試用でも日本語を使うことができます。本書執筆時で最新の日本語 Remix 22.04 LTS は、2027 年 4 月までサポートされます。ただし、24.04 以降の日本語 Remix はリリースされません。

> Linux Ubuntu の LTS 版は、公開後 5 年間は無料のセキュリティアップデートおよびメンテナンスアップデートが保証されています（2024.04 は 2029 年 4 月まで、2022.04 は 2027 年 4 月まで）。LTS がつかない最新バージョン（たとえば、Ubuntu Desktop 24.10）は 2024.04 より新しいですが、サポート期間が 2025 年 7 月までの 9 か月間なので、特に理由がない限り、LTS がつかないバージョンをインストールすることはお勧めしません。

Windows について

Microsoft がサポートしていて安全に使うことができるクライアント用の Windows は、2025 年 1 月現在で、Windows 11 と Windows 10 の一部のバージョンです。

Windows 10 は、2025 年 10 月にサポートが終了し、その後はセキュリティ更新プログラムが提供されなくなって安全に使うことが難しくなります。

> 2025 年 10 月の Windows 10 サポート終了後も、有料の Windows 10 拡張セキュリティ更新（ESU）プログラムを使うと、Windows 10 のバージョン 22H2 がインストールされている PC でセキュリティ更新プログラムを受け取ることができます。

Windows 10 の詳しいバージョンを調べるには、まず［スタート］→［設定（歯車）］で設定ダイアログを表示し、設定ダイアログで［システム］をクリックして［詳細情報］をクリック

1.1　PC の OS

します。

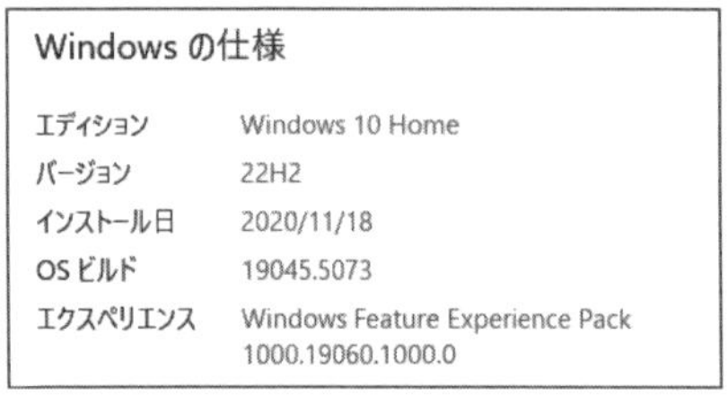

```
Windows の仕様

エディション        Windows 10 Home
バージョン          22H2
インストール日      2020/11/18
OS ビルド           19045.5073
エクスペリエンス    Windows Feature Experience Pack
                    1000.19060.1000.0
```

図 1.1●Windows 10 の［詳細情報］の「Windows の仕様」の例

「エディション」でWindowsの種類がわかり、「バージョン」で詳しいバージョンがわかります。
　Windows 11 でバージョンを調べるときには、［スタート］→［設定（歯車）］→［システム］
→［バージョン情報］を選択します。

```
■■  Windows の仕様

      エディション        Windows 11 Pro
      バージョン          21H2
      インストール日      2022/07/06
      OS ビルド           22000.2538
      エクスペリエンス    Windows 機能エクスペリエンス パック 1000.22001.16
      Microsoft サービス規約
      Microsoft ソフトウェアライセンス条項
```

図 1.2●Windows 11 の［バージョン情報］の「Windows の仕様」の例

　Windows 11 の場合は、サポート期間は次のようになっています。

表 1.1●Windows 11 のバージョンとサポート期間

バージョン	開始日	終了日
Version 24H2	2024 年 10 月 1 日	2026 年 10 月 13 日
Version 23H2	2023 年 10 月 31 日	2025 年 11 月 11 日
Version 22H2	2022 年 9 月 20 日	2024 年 10 月 8 日
Version 21H2	2021 年 10 月 4 日	2023 年 10 月 10 日

　Windows 11 の 21H2 〜 23H2 のサポート期間が終了した場合、マイクロソフトからセキュ
リティ更新プログラムは提供されなくなります。セキュリティ上の脆弱性が発見されても、そ
れらの修正プログラムが配布されることは保証されていません。そのため、サポート期間が終
了したバージョンの Windows 11 を使い続けると、セキュリティリスクが高くなります。
　Microsoftは、最新のWindows 11バージョンにアップグレードすることを推奨していますが、

最新の Windows 11 に対応できない PC を使っている場合、CPU やマザーボードなどを交換するなどして最新の Windows 11 に対応できるようにしないと、アップグレードすることはできません。

最新の Windows 11 がインストールできないために Windows を使い続けることに問題がある場合は、Linux をインストールすることを考慮することになります。

> Windows 11 がインストールされた PC でも、実行時の速度がとても遅い（反応が悪い）ものがあります。また、中古の Windows 11 インストール済み PC などで、本来 Windows 11 をインストールできない PC（あとで説明する「PC 正常性チェック」で問題が指摘される PC）に、インストール時のチェックを回避する方法を使って無理やり Windows 11 をインストールして安価で販売しているものがあります。そのような場合にも、Linux をインストールすることを検討することになるでしょう。

1.2　システムの調査

最新の Windows をインストールできるかどうかは、Microsoft が提供するツールで調べることができます。

Windows 11 のインストール要件確認

最新の Windows 11 をインストールできるかどうかは、次のようにして調べます。

［設定］→［Windows Update］を選択して Windows Update を表示します。

Windows Update で「PC 正常性チェックを受ける」が表示されたら、「PC 正常性チェックを受ける」をチェックします。［今すぐチェック］をクリックするか、Windows 11 インストレーションアシスタント（`Windows11InstallationAssistant.exe`）を実行すると、Windows 11 の最新版をインストールできるかどうかが表示されます。

図 1.3 ● PC 正常性チェック

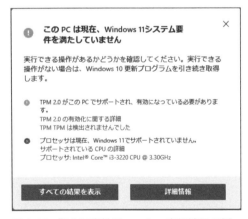

図 1.4 ●「PC 正常性チェック」実行結果の例

たとえば、プロセッサが Windows 11 でサポートされていない場合や、TPM 2.0 がサポートされていない場合などには最新の Windows 11 をインストールできません（TPM 2.0 のサポートは BIOS の設定変更で可能になる場合があります）。

なお、たとえ現在 Windows 11 がインストールされていても、それが Windows 11 のバージョン 21H2 や 22H2 などの古いバージョンであるマシンには、最新の Windows 11 がインストールできないことがあるので、最新の Windows 11 をインストール可能かどうか調べる必要があります。

TPM 2.0 の確認

TPM 2.0 がサポートされているかどうかは、次のようにして調べることができます。

まず、Windows の［スタート］ボタンを右クリックしてから、「デバイスマネージャ」をクリックします。

「デバイスマネージャ」ダイアログの［セキュリティ デバイス］ノードを展開します。

［トラステッド プラットフォーム モジュール 2.0］が表示されていない場合や、TPM 2.0 より前の TPM である場合は、そのままでは最新の Windows 11 をインストールできません。

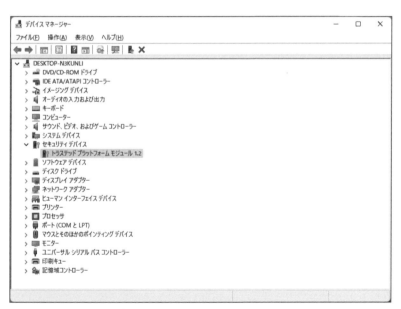

図 1.5 ● TPM 2.0 をサポートしていない例

1.2　システムの調査

> 比較的最近の PC で、［トラステッド プラットフォーム モジュール 2.0］が表示され
> ない場合や黄色の注意マークがつけられている場合は、BIOS の設定を変更すること
> で TPM 2.0 を有効にできる場合があります。詳しくは当該 PC またはマザーボード
> の BIOS 設定についての情報、Microsoft の Web サイト「PC で TPM 2.0 を有効
> にする」などを参照してください。

Linux Ubuntu の推奨システム

Linux Ubuntu 22.04 の推奨システムは以下のとおりです。

- 2 GHz デュアルコアプロセッサ以上
- システムメモリー 4 GB 以上
- 25 GB のハードドライブ空き容量
- DVD ドライブまたは USB ポート（インストールに使用）
- インターネット接続

最新の Windows 11 に比べると、要求される性能が格段に低いことに注目してください。

なお、Ubuntu の Canonical サイト（https://ubuntu.com/certified）で、特定の PC が Ubuntu での使用を認定したコンピューターであるかどうか調べることができます（Canonical サイトに掲載されていない PC であっても、Linux Ubuntu をインストールできる場合もあります）。

1.3 移行の準備

Linux をインストールする前に、Windows でマシンの状態を調べたり、必要なデータを保存しておきます。

Linux インストールの手順

Linux Ubuntu をインストールする手順を要約すると、次のようになります。

1. インストールイメージをダウンロードする。
2. インストールメディア（USB メモリーまたは DVD）を作成する。
3. インストールメディアで PC を起動してインストールを行う。

難しいことは何もなく、順調に進めば、1 時間ほどでインストールが終わるでしょう（ダウ

8　第 1 章　Windows から Linux へ

ンロードのネット回線が早く、インストールメディアに USB メモリーを使って、ストレージが SSD で速度が遅くないような場合)。

> 具体的なインストール方法については第 2 章「インストール」で説明します。

しかし、すべての構成の PC で常にすべてが順調に進むわけではなく、ハードウェアの構成や BIOS の種類などによっては、インストールや再起動で問題が発生することがあり、インストールを何度か試行しなければならない場合もないわけではありません。

また、インストール後に必要に応じて設定する際に情報が不足しないように、あらかじめ PC に関する情報を集めておくことを推奨します。

システムの情報の収集

Windows の［スタート］→［設定（歯車）］→［システム］や［スタート］をマウスで右クリックして［デバイスマネージャ］を表示するなどして以下の表に示すような情報のうち必要と思われる項目を調べてメモしておきます。

表 1.2 ● 調べておくとよい主なシステム情報

項目	調べる内容	メモ
エディション	Windows エディション	
バージョン	Windows のバージョン	
プロセッサ	プロセッサの詳細	
実装 RAM	RAM 容量	
ストレージ	ディスクの容量	
ストレージ空き	ディスクの空き領域	
ストレージ 2	2 台目以降のディスク容量	

Linux をインストールするために、上の表のすべての情報を使うわけではありません。たとえば、ストレージ（通常はハードディスクまたは SSD）に関して、ストレージのすべての領域を Linux にする場合は、最初のストレージの容量だけ確認しておけば充分ですが、Linux と Windows の両方を 1 台の PC にインストールしてデュアルブートシステムにしたい場合は、その PC のすべてのストレージの構成と容量や空き容量を調べておくとよいでしょう。どのような情報が必要かわからない場合は、第 2 章「インストール」をひととおり読んでインストールに必要になる情報を把握しておくことをお勧めします。

PC 固有のインストール情報の収集

インストールしようとしている特定の PC に関する Linux のインストールに関する情報を Web サイトなどから収集してください。

たとえば、デル（DELL）コンピューターの場合、インターネット上に「デルコンピュータに Ubuntu Linux をインストールする方法」という Web ページがあります。

```
https://www.dell.com/support/kbdoc/ja-jp/000131655/
```

ここでは、Linux Ubuntu をインストールする際の BIOS の設定方法や、Linux と Windows をデュアルブートできるようにしたいときに参照するべきページなどの情報があります。

PC やマザーボードのメーカーの情報がない場合でも、インターネットを検索すれば、一般のユーザーが Linux をインストールした状況や BIOS の設定などについて説明している Web ページが見つかるかもしれません。

データのバックアップ

Linux をインストールする前に、後で必要になるデータをすべてバックアップデバイス（DVD や CD-R、USB メモリー、外付けハードディスクまたは SSD など）に保存しておきましょう。たとえば、さまざまなドキュメント、保存しておきたいイメージ（写真や画像）、メールデータなどを保存しておきます。

さまざまな ID とパスワードを PC に保存しているなら、それも何らかの形でバックアップデバイスに保存する必要があります。このとき、Windows で特定のパスワードマネージャ（パスワードを管理するアプリ）を使っている場合は、同じアプリが Linux に用意されていない場合やデータファイルなどを Linux で利用できない場合もあるので、CSV ファイルやテキストファイル、PDF の形式で保存するか、プリントして紙媒体に一時的に保存することが必要になる場合もあります。

> インストール時に限らず、データをバックアップしておくことはとても重要です。アップグレードやシステムの大きな変更を行うときにバックするだけでなく、普段でも定期的にデータをバックアップする習慣をつけると良いでしょう。

修復ディスクと回復ドライブ

念のために、Windows の修復ディスク、回復ドライブや Windows のインストールディスクやシステムイメージディスクも作成しておきましょう。Linux と Windows をひとつの PC にインストールするデュアルブートシステムにしたい場合や、Windows に戻したい場合に役立つことがあります。

Windowsの修復ディスクやシステムイメージは、コントロールパネルから「［バックアップと復元］に移動（Windows 7）」を選択して、「ファイルのバックアップと復元」で作成できます。このとき、（Windows 7）という表記になっていますが、Windows 10/11で使用可能です。またバージョンによって表記が異なることがあります。

なお、Windowsのプロダクトキーは、コマンドプロンプトから以下のコマンドを実行することで調べることができます。

```
>wmic path SoftwareLicensingService get OA3xOriginalProductKey
```

システムの健全性のチェック

長時間使ったりWindowsで何か問題が発生しているPCにLinuxをインストールしようとしているなら、PCのBIOSやWindowsのアプリなどを使って、ハードウェアをチェックするとよいでしょう。特に、SSDやハードディスクは、長時間使用するとセクタの一部が使用できなくなることがあるので、チェックすることをお勧めします。

BIOSのハードウェアチェックプログラムまたは、Windows用のアプリであるCristalDiskInfoなどを使ってストレージのチェックを行って、SSDまたはHDDに欠陥が複数見つかった場合には、新しいSSDに交換することを検討すると良いでしょう。

ハードウェアチェックプログラムで、メモリーもチェックしておくとよいでしょう。

ストレージのクリーンアップ

LinuxとWindowsの両方を1台のPCにインストールしてデュアルブートシステムにしたい場合は、あらかじめストレージに連続した十分な空き容量を確保する必要があります。不要なファイルを削除して、ディスククリーンアップを実行しておきましょう。さらに、ディスクの領域を分割する必要があります。

ディスククリーンアップは、［スタート］→［Windows管理ツール］→［ディスククリーンアップ］をクリックする（Windows 10）か、あるいは、Windowsのアプリの検索で「ディスククリーンアップ」と入力することで起動することができます。

> デュアルブートシステムにする方法はPCの構成やBIOSの設定についての情報が必要ですが、PCの構成やBIOSの設定は多様なので、本書では説明しません。デュアルブートシステムにしたい場合は、Webなどで情報を集めて、読者の判断と責任において行ってください。

ライセンスの移行

　アプリによっては使用するためにライセンスが必要なものがあります。その同じアプリがLinux でも提供されていて Linux で引き続き使いたい場合は、ライセンス認証に必要な情報を保存したり、使わなくなる Windows 版のアプリのライセンス認証の解除が必要になる場合もあります。

　特定のアプリのライセンス認証について詳しくはそのアプリのドキュメントや Web ページなどを参照してください。

インストールメディアの準備

　Linux のインストールには、USB メモリーか DVD-R でインストールメディアを作成して、それを使ってインストールします。

　DVD-R ドライブがないか DVD-R の書き込みができない PC の場合は、外付け DVD ドライブを利用することができる場合があります。PC が USB メモリーから起動でき、USB メモリーにISO イメージを書き込めるなら、USB メモリーにインストールメディアを作成してインストールすると作業が早くなります。

　Linux Ubuntu 24.04 以降は、インストールイメージが大きいので、通常の DVD-R には収まりません。USB メモリーを使うか、システムが DVD-DL をサポートしているなら DVD-DL を使うことになります。

> 外付けドライブや USB メモリーからインストールできるかどうかは、ハードウェアに依存します。詳しくはハードウェアのマニュアルや Web サイトを参照してください。

BIOS の設定と更新

　これまでに記載したこと以外にも、インストールするために BIOS の設定が必要になる場合には、BIOS を設定してください。

　BIOS のバージョンが古いと、Linux Ubuntu のバージョンによっては問題が発生することがあります。必要に応じて BIOS を更新してください。

　BIOS の設定や BIOS の更新の必要性や方法は PC によって異なるので、メーカーや Web 上の情報を参照してください。

> 比較的新しい PC であれば、多くの場合に BIOS のことは気にしなくても LinuxUbuntu をインストールして使用することができるでしょう。インストールについてはあらかじめ第 2 章を読んで必要な操作を行い、それでもインストールやその後の

第 1 章　Windows から Linux へ

再起動で問題が発生したら付録 B「トラブル対策」や Web 上の情報を参照して対処することもできます。

特定の PC に関する情報の収集

Linux Ubuntu のインストールの大まかな流れや注意すべき点は、どのハードウェアでもあまり変わりありません。厳密には細かい部分でハードウェアごとの差異はありますが、それらは大体インストーラーによって吸収されるため、問題になることはほぼないといってよいでしょう。

しかし、まれに特定の PC もしくは特定のデバイス固有の問題が発生し、個別に対処を求められる場合もあります。Web 上には、Linux Ubuntu のインストールについての情報がたくさんあるので、次に進む前にインストールしようとするシステムにインストールしたことを記述した Web ページがあったら、ひととおり目を通しておくとよいでしょう。

第 2 章
インストール

この章では、Linux をインストールして起動するまでについて説明します。

2.1 Linux のインストール

ここでは、インストールメディアを使って Linux をインストールする方法を説明します。

インストールイメージのダウンロード

以下の Web サイトから Linux Ubuntu Desktop 24.04 LTS のインストールイメージをダウンロードします。

```
https://jp.ubuntu.com/download
```

本書執筆時のファイル名は「ubuntu-24.04.1-desktop-amd64.iso」です。ファイルサイズが約 5.8 GB と大きいので、環境によってはダウンロードにかなり時間がかかる場合があります。

ライブ CD（インストールせずに使用できる環境）を試したい場合などで日本語 Remix LTS をインストールするには、はじめに以下のサイトから下記のサイトに表示されるミラーサイトから Ubuntu Desktop 日本語 Remix LTS 22.04 をダウンロードすることができます。ファイル名は「ubuntu-ja-22.04-desktop-amd64.iso」です。

```
https://www.ubuntulinux.jp/download/ja-remix
```

> Ubuntu 24.04（およびそれ以降）の日本語 Remix はリリースされないことになりました。日本語環境でインストールせずに試用してみたい場合は、Ubuntu Desktop 日本語 Remix LTS 22.04 をインストールします。なお、通常は、Ubuntu Desktop 日本語 Remix LTS 22.04 インストール後に 24.04 にアップグレードすることもできますが、環境によってはアップグレードで問題が発生することがありますので必ずしもアップグレードする必要はありません。

インストールメディアの作成

ダウンロードした iso ファイルを ISO イメージとして USB メモリーまたは DVD-R（Linux Ubuntu 24.04 のように大きなイメージの場合は DVD-R DL。以下、まとめて DVD）に書き込みます。

> USB メモリーや DVD に書き込むときには、ダウンロードしたファイルを単にコピーするのではなく、必ず ISO イメージとして書き込みます。単にコピーした場合はインストールメディアから起動することもインストールすることもできません。

第 2 章　インストール

USBメモリーに書き込むときには、たとえば、RufusというWindows上で動作するアプリを使うことができます。Rufusは下記からダウンロードできます。

```
https://rufus.ie/ja/
```

　Rufusを起動したら、「デバイス」にメディアのドライブを選択して、［選択］でisoファイルを選択してから［スタート］をクリックします。

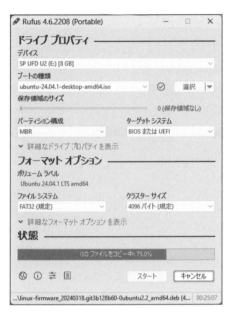

図2.1●Rufus

> isoファイルは巨大（24.04で約5.8 GB）なので、インストールメディアの作成には時間がかかります。インストールにも時間がかかるので、インストールメディアとしてDVDよりもUSBメモリーを使うことをお勧めします。

　DVDにISOイメージとして書き込むには、Windows 10の場合は、ファイル名をマウスの右クリックして、「ディスクイメージの書き込み」を選択してDVDに書き込みます。Windows 11の場合は、ファイル名をマウスの右クリックして、［その他のオプションを確認］をクリックしてから「ディスクイメージの書き込み」を選択してDVDに書き込みます。

2.1　Linuxのインストール

> 「ディスクイメージの書き込み」を選択したときに、「このファイルを開きますか？」
> と表示された場合は［はい］をクリックします。

インストール時の注意

　システムによっては、インストールメディアから PC を起動させるために、BIOS の設定を変
更しなければならない場合があります。

> この後に続く DVD または USB メモリーからのインストールで、PC をインストー
> ルメディアから起動できて何も問題がない場合は、BIOS の設定を変更する必要はあ
> りません。

　一般的には、BIOS の設定画面を起動するには、PC 起動時にメーカーのロゴや BIOS のメッセー
ジが表示された際に［F1］、［F2］、［F11］、［F12］、［Delete］のいずれかのキーを押すことで、
BIOS の設定画面が表示されます。

　ただし、BIOS の設定方法はメーカーやマザーボードの種類によってさまざまなので、インス
トールしようとする PC または PC のマザーボードのメーカーの説明や Web 上の情報を確認し
て設定してください。

　なお、PC の構成によってはインストールにかなり時間がかかります。そのため、時間に余裕
があるときにインストールしてください。また、インストール中に画面が変わらず、何かトラ
ブルが発生しているのかと思っても、ドライブにアクセスしているときに強制的に再起動した
り電源を切ったりしないでください。

> この後の 2.2 節「Linux Ubuntu のインストール」と 2.3 節「Ubuntu 日本語 Remix
> のインストール」でインストールの手順を紹介しますが、環境や Ubuntu のリビジョ
> ンによっては表示される内容や設定する項目が異なることがあります。

2.2　Linux Ubuntu のインストール

　ここでは、Linux Ubuntu Desktop 24.04 の場合のインストールについて説明します。

　日本語 Remix 版を試用するかインストールする場合は、2.3 節「Ubuntu 日本語 Remix のイ
ンストール」へ進んでください。

インストーラーの起動

インストールメディア（インストール DVD または USB メモリー）から PC を起動します。

最初に、これから行う作業を選択する画面になるので、「Try or Install Ubuntu」を選択します。するとインストーラーやその他必要な情報が読み込まれます。これにはいくらか時間がかかります。また、Linux が起動するまでにメッセージがたくさん表示されることがありますが、インストールがうまくいくようなら気にしなくてかまいません（インストールメディアからの読み込みが際限なく続くような事象が発生してインストールに失敗する場合は、メッセージに注目して問題を解決してください）。

Linux Ubuntu が起動したら、最初に表示される「Welcome to Ubuntu」というタイトルのダイアログボックスの「Choose your language」の下に表示される言語選択リストボックスで、「日本語」を選択します。このとき、必ずリストの「日本語」をクリックしてください。そうすると、このあとの表記の多くが日本語になり、日本語環境がインストールされます。ウィンドウのタイトルも「Welcome to Ubuntu」から「Ubuntu へ、ようこそ」に変わります。

図 2.2 ●「Ubuntu へ、ようこそ」ウィンドウ

［次］をクリックします。これ以降しばらくの間、必要な設定を行ったら［次］をクリックして手順を進めるという作業の繰り返しになります。

「アクセシビリティ」ウィンドウでは、障害などへ対応が必要なときに該当する項目を選択して設定を行います。

図2.3●「アクセシビリティ」ウィンドウ

　「キーボードレイアウト」ウィンドウでは、「キーボードレイアウトを選択してください」で「日本語」をクリックして選択します。

図2.4●「キーボードレイアウト」ウィンドウ

「ネットワークに接続」ウィンドウでは、接続するネットワークの種類を選択します。たとえば、有線 LAN で接続するなら「有線接続を使用」を選択します。

図 2.5 ●「ネットワークに接続」ウィンドウ（有線 LAN を使用する場合）

WiFi でインターネットに接続する場合は、「WiFi ネットワークに接続する」を選ぶと接続可能なアクセスポイントが表示されるので、接続するものを選択します。

図 2.6 ●「ネットワークに接続」ウィンドウ（WiFi を使用する場合）

2.2　Linux Ubuntu のインストール

「Ubuntuを試用またはインストール」ウィンドウでは、「Ubuntuをインストール」を選択して次に進みます。

図 2.7図●「Ubuntuを試用またはインストール」

「インストールの種類」ウィンドウでは、「対話式インストール」をクリックします。

図 2.8●「インストールの種類」ウィンドウ

「アプリケーション」ウィンドウでは、オフィスやユーティリティなども同時にインストールしたいので、「拡張選択」を選びます。

図2.9●「アプリケーション」ウィンドウ

> ストレージの使用量を節約したい場合は、ここで「最小インストール」を選択し、あとで必要なアプリをインストールすることもできます。

「コンピューターを最適化」ウィンドウが表示されます。ベンダーのソフトウェアをインストールする必要がなければ、特に何も操作をしないで次に進みます。

図 2.10● 「コンピューターを最適化」ウィンドウ

「ディスクのセットアップ」ウィンドウが表示されます。はじめて Ubuntu をインストールする場合は「ディスクを削除して Ubuntu をインストールする」を選択することを推奨します。

図 2.11● 「ディスクのセットアップ」ウィンドウ

> LinuxとWindowsや他のバージョンのLinuxの両方を1台のPCにインストールして選択してブートできるシステムにしたい場合は、「Ubuntuを○○と共存させる」を選択します。
> 複数のOSを1台のPCにインストールして使えるようにする方法の詳細は、それぞれのPCの適切なWebサイトなど他のリソースを参照してください。

「アカウントの設定」ウィンドウでは、名前、コンピューターの名前、ユーザー名、パスワードを入力します。ユーザー名とパスワードは忘れないようにどこかに記録しておきましょう。

さらに、起動時に自動的にログインできるようにしたいときには、「ログイン時にパスワードを要求する」のチェックを外します。

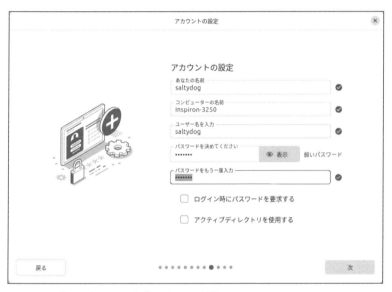

図2.12●「アカウントの設定」ウィンドウ

> 個人の自宅などで自分しか使わないことがはっきりしている場合は、「ログイン時にパスワードを要求する」のチェックを外して、自動的にログインするようにしてもかまいません。しかし、その場合でも、重要な操作やスリープから復帰するときなどにはパスワードが必要になるので、ユーザー名とパスワードは必ずどこかに記録しておきましょう。

2.2 Linux Ubuntuのインストール

「タイムゾーンを選択してください」ウィンドウでは、日本在住なら「Tokyo」を選択します。

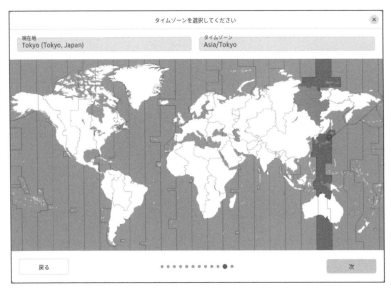

図 2.13● 「タイムゾーンを選択してください」ウィンドウ

「インストールの準備完了」ウィンドウで選択を確認してから［インストール］をクリックすると、インストールが実行されます。インストール中にはさまざまな情報が表示されます。

図 2.14● 「インストールの準備完了」ウィンドウ

> インストールには時間がかかります。

インストールが完了すると、「インストールが完了しました」ウィンドウが表示されます。

図 2.15 ●「インストールが完了しました」ウィンドウ

［今すぐ再起動］をクリックするとシステムが再起動します。

このとき、「インストールメディアを取り出して Enter キーを押してください」という意味の英語のメッセージが表示されたらインストールメディアを取り出してから［Enter］をクリックします（DVD は通常はメディアが自動的に排出されるはずです）。

> インストール後には必ず再起動する必要がありますが、ドライブのアクセスランプが点滅しているときには背後でファイルのコピーなどが継続している可能性があります。ドライブのアクセスが点滅しているときにはすぐに再起動したり終了せずに、しばらく待ってください（特に DVD からインストールしているときに注意してください）。

再起動

インストール後に最初に再起動したときに、「Ubuntu へようこそ」というダイアログボックスが表示されるので、［次へ］をクリックします。すると、「Ubuntu Pro」ウィンドウが表示されるので「Skip for now」が選択されている状態で［次へ］をクリックします。

「Ubuntu の改善を支援する」ウィンドウが表示されたら、「はい」または「いいえ」を選択して［次へ］をクリックします。

> 「Ubuntu の改善を支援する」は、どちらを選んでもかまいません。なお、「はい、システム情報を Canonical に送信します」を選択すると、インターネットでの通信量が若干増える可能性があります。

システムの終了

システムを終了するには、画面右上の電源アイコン（次図①）をクリックすると次に示すようなウィンドウが表示されるので、その右上にある電源アイコン（次図②）をクリックします。

図 2.16 ● 電源アイコンを押したときに表示されるウィンドウ

次の図に示すようなドロップダウンリストが表示されるので、「電源オフ…」をクリックします。

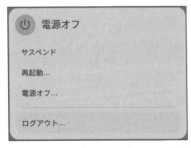

図 2.17 ●「電源オフ」ダイアログボックス（1）

次に示すような「電源オフ」ダイアログボックスが表示されるので、［電源オフ］をクリック

するか、あるいは、60 秒待っていると自動的に電源オフになります。

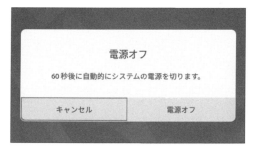

図 2.18●「電源オフ」ダイアログボックス（2）

> インストールと再起動が成功したら、2.4 節「アップデート」に進んでください。

2.3　Ubuntu 日本語 Remix のインストール

ここでは、Ubuntu 22.04 の日本語 Remix のインストールについて説明します。

インストーラーの起動

インストールメディア（インストール DVD または USB メモリー）から PC を起動します。最初に、これから行う作業を選択する画面が次のように表示されます。

図 2.19●作業の選択場面

ここで、Try or Install Ubuntu を選択するとインストーラーやその他必要な情報が読み込ま

れます。これにはいくらか時間がかかります。また、Linux が起動するまでにメッセージがたくさん表示されることがありますが、気にしなくてかまいません。

　Linux Ubuntu が起動したら、表示された画面の右下のほうに「ubuntu 22.04 のインストール」と表示されるので、クリックします。

図 2.20 ●「ubuntu 22.04 のインストール」

> インストールメディアから読み込みが続いているときなどに「ubuntu 22.04 のインストール」をクリックしてもすぐに反応しない場合がありますが、しばらく待ってみてください。

「インストール」というタイトルのダイアログボックスが表示されます。
　「ようこそ」の下に表示される言語選択リストボックスで「日本語」を選択して、［続ける］をクリックします。

図 2.21 ●「ようこそ」の言語選択リストボックス

30　第 2 章　インストール

「キーボードレイアウト」では、「キーボードのレイアウト選択」で「Japanese」をクリックし、右のリストボックスでも「Japanese」を選択して［続ける］をクリックします。

図2.22●「キーボードレイアウト」

WiFiでインターネットに接続する場合は、「無線」というページが表示されたら接続するネットワークを選択して［続ける］をクリックします。

「アップデートと他のソフトウェア」では、「通常のインストール」を選択して［続ける］をクリックします。

図2.23●「アップデートと他のソフトウェア」

> ストレージの容量が少なくてスペースを節約したい場合は、ここで「最小インストール」を選択しておいてあとで必要なアプリをインストールすることもできます。

「インストールの種類」では、「ディスクを削除して ubuntu をインストール」を選択します。

図 2.24 ●「インストールの種類」

> Linux と Windows や他のバージョンの Linux の両方を 1 台の PC にインストールして選択してブートできるシステムにしたい場合は、「Ubuntu 22.04 を○○と使用可能な形でインストール」を選択します（複数の OS を 1 台の PC にインストールして使えるようにする方法の詳細は、それぞれ PC ごとに適切な Web サイトなど他のリソースを参照してください）。

なお、複数のインストール可能なドライブがある場合は、ドライブを選択するためのダイアログボックスが表示されるので、Linux をインストールするドライブを選択します。

［インストール］をクリックすると「ディスクに変更を書き込みますか？」というダイアログが表示されるので、［続ける］をクリックします。

図 2.25● 「ディスクに変更を書き込みますか？」

「どこに住んでいますか？」では、所在地を選択して［続ける］をクリックします。

図 2.26● 「どこに住んでいますか？」（ここでは「Tokyo」を選択）

「あなたの情報を入力してください」では、あなたの名前とコンピューターの名前、およびユーザー名とパスワードを入力します。

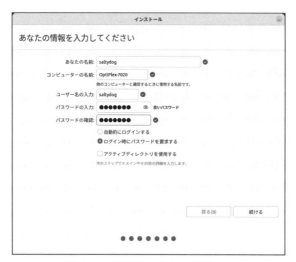

図 2.27 ●「あなたの情報を入力してください」への入力例

ユーザー名とパスワードは忘れないようにどこかに記録しておきましょう。
　さらに、起動時に自動的にログインできるようにしたいときには「自動的にログインする」を、起動時にもパスワードを入力しなければならないようにするときには「ログイン時にパスワードを要求する」を選択します。

> 個人の自宅などで自分しか使わないことがはっきりしている場合は、「自動的にログインする」を選択してもかまいません。しかし、その場合でも、重要な操作やスリープから復帰するときなどにはパスワードが必要になるので、ユーザー名とパスワードは必ずどこかに記録しておきましょう。

［続ける］をクリックします。インストールが実行されます。インストール中にはさまざまな情報が表示されます。

> インストールには時間がかかります。

インストールが完了すると、「インストールが完了しました」が表示されます。また、「インストールメディアを取り出して Enter キーを押してください」という意味のメッセージが表示されたら［Enter］をクリックします。

再起動

　インストール後には再起動する必要があります。なお、再起動中にドライブのアクセスランプが点滅しているときには背後でファイルのコピーなどが継続している可能性があります。ドライブのアクセスが点滅しているときにはすぐに再起動したり終了せずに、しばらく待ってください。

　インストール後に最初に再起動したときに、「オンラインアカウントへの接続」が表示されることがあります。

　特にオンラインアカウントに接続したい理由がなければ、右上の［スキップ］をクリックします。

図 2.28 ●「オンラインアカウント」

　続けて「Livepatch」が表示されます。

　「Livepatch」を使用すると適切にアップデートが行われますが、「ubuntu One アカウント」が必要なので、ここでは右上の［次へ］をクリックします。

2.3　Ubuntu 日本語 Remix のインストール　35

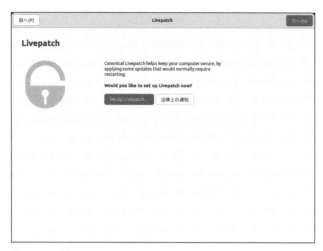

図 2.29 ●「Livepatch」

　さらに表示される「Ubuntu の改善を支援する」は、どちらを選んでもかまいません。なお、「はい、システム情報を Canonical に送信します」を選択すると、インターネットでの通信量が若干増える可能性があります。

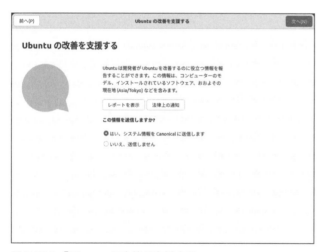

図 2.30 ●「Ubuntu の改善を支援する」

　［次へ］をクリックすると、「プライバシー」が表示されます。

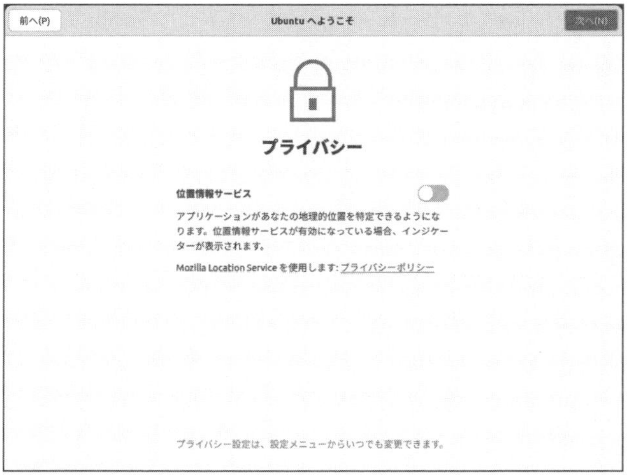

図2.31●「プライバシー」

位置情報サービスを使うかどうか選択します。

ダイアログボックスの右上の［次へ］をクリックすると、インストールに伴う作業が完了します。

「準備が終了しました」が表示されます。このとき、「"ソフトウェア"を使用してこのようなアプリをインストールできます」と表示されますが、無視してダイアログボックスの右上の［完了］をクリックすると、最初の再起動に伴う作業が完了します。

図2.32●「準備が完了しました」

2.3　Ubuntu 日本語 Remix のインストール

システムの終了

システムを終了するには、画面右上の電源アイコンをクリックして表示されるメニューから、［電源オフ / ログアウト］→［電源オフ ...］を選択します。

図 2.33 ● ［電源オフ ...］を選択

すると、次に示すような「電源オフ」ウィンドウが表示されるので、［電源オフ］をクリックします。

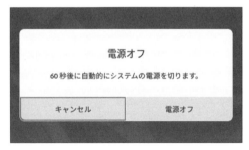

図 2.34 ● 「電源オフ」ウィンドウ

このとき、［電源オフ］をクリックしなくても、表示されている時間が経過すると自動的に電源が切れます。

2.4 アップデート

　同じバージョンでシステムやアプリの一部が更新されたときはアップデートします。バージョンが変わったとき（たとえば、22.02 から 24.02 に変わったとき）には必要に応じてアップグレードします。

アップデート

　インターネットに接続して Linux を使用していると、アップデートがあるときには上部にアップデートを知らせるメッセージが表示されます。それをクリックすると、アップデートできます。

　また、「ソフトウェアの更新」アプリを起動してアップデートすることもできます。

　常に最新の状態にアップデートしておくことはセキュリティ上重要です。

> Linux をインストールしたら、何か作業を行う前にソフトウェアのアップデートを実行することをお勧めします。ソフトウェアをアップデートするには、画面左下の「Show Apps」（Ubuntu 24.04 の場合）または「アプリケーションを表示する」（Ubuntu 22.04 の場合）をクリックしてアプリの一覧を表示して、「ソフトウェアの更新」をクリックして起動します（「ソフトウェアの更新」はアプリの一覧の 2 ページ目に表示されることがあります）。

　アップデートが行われると、通常は不要なパッケージは自動的に削除されます。

アップグレード

　Ubuntu のアップグレードがあるときには、そのことを知らせるメッセージが表示されます。

　アップグレードは、アップデートとは違って、OS や一部のアプリが新しいバージョンになります。PC の種類や構成によっては、アップグレードによって不具合が発生することがあるので、現在のバージョンを安定して使用しているなら、必ずしもアップグレードする必要はありません。

　また、アップグレードによって、ユーザーインターフェースが変わることがあります。たとえば、22.04 から 24.04 にすると、ネットワーク、スピーカー、終了パネルがまとめて表示されるようになります。

図2.35●24.04のネットワーク、スピーカー、終了パネル

第 3 章
基本操作と設定

この章では、Linux Ubuntu での基本的な操作や最も基本的な設定について説明します。

3.1　基本操作

ここでは、Linux Ubuntu を活用するために必要な GUI での基本的な操作について説明します。

アプリの起動

Linux Ubuntu では、大半の操作をグラフィカルに（GUI で）操作することができます。

たとえば、画面の左側の**ダッシュボード**に縦に表示されているアプリのアイコンをクリックすることでアプリを起動することができます。

図 3.1●ダッシュボード

たとえば、一番上の Firefox のアイコンをクリックすると Web ブラウザの Firefox が起動します。

> Windows ではダブルクリックを多用しますが、Linux Ubuntu ではクリックで操作することが多いという点で Windows とは異なります。

また、画面の左下にある「**アプリの表示**（Show Apps）」をクリックすると、アプリのアイコンのリストが表示されます。

図 3.2 ●アプリの表示

　表示されるアプリのアイコンのリストでアイコンをクリックすることでそのアプリを起動することができます。

図 3.3 ●アプリのアイコンのリスト（1 ページ目）

　なお、リストの下の小さな丸（●）をクリックするか、画面右側の「＞」をクリックするか、あるいは矢印キーを押すと、アプリのアイコンのリストの次のページが表示されます。
　また、よく使うアプリは、アプリのアイコンのリストでアイコンをマウスの右ボタンでクリックすると表示されるローカルメニューの中の「ダッシュボードにピン留め」をクリックすると、アイコンがダッシュボードに表示されて、ダッシュボードからアプリを起動できるようになります。

> 3.2 節「端末での操作」で端末からアプリを起動する方法についても説明します。

認証

　アプリの起動時や操作中などで、システムに重要な変更を行おうとしたりセキュリティに関する操作を行おうとするときに、「認証が必要です」というウィンドウが表示されることがあります。

図 3.4● 「認証が必要です」

　これが表示されたときには、ユーザーのパスワードを入力して［認証］をクリックしてください。

> デフォルトのユーザーとパスワードは Linux Ubuntu のインストール時に設定しているはずです。

アプリやツールのインストール
　Ubuntu で提供されている多くのアプリは、**アプリセンター**（Ubuntu 22.04 では Ubuntu Software）からインストールすることができます。

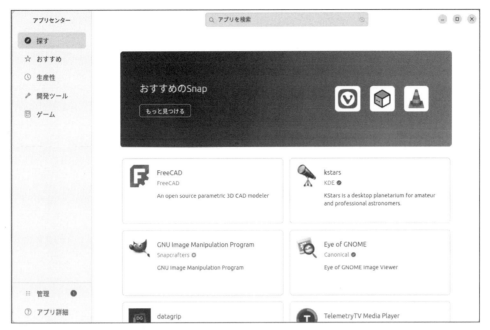

図 3.5 ● アプリセンター

インストールしたいアプリが一覧に見当たらない場合は、上部の検索フィールドにアプリの名前を入力することで検索することができます。

3.2　端末での操作

ここでは、端末での基本的な操作について説明します。

Linux の端末

さまざまなアプリや多くの設定プログラムは、ウィンドウベースの GUI（グラフィカルなユーザーインターフェース）で操作できますが、Linux のコマンドの中には**端末（ターミナル）**で操作しなければならないものがあります。また、GUI で起動できるアプリを端末から起動することもできます。オフィスや Web ブラウザのようなアプリだけを使っている場合、端末から操作する必要はほとんどありませんが、Linux においては端末からコマンドを実行することは最も基本的な操作であり、また便利に使える場合も多いので必要に応じて活用できるようにしておいたほうが良いでしょう。

> 端末で操作すると、たとえば、ファイル名に特定の文字列を含むファイルだけを操作するようなこともできます。例を示すと、あとで示す cp コマンドを使って「cp abc***.txt ./work/」とすると、ファイル名が abc で始まってファイルの拡張子が txt であるすべてのファイルをまとめて work というディレクトリにコピーすることができます。

端末はアプリのリストの中の端末のアイコンをクリックして表示することができます。

図 3.6 ● 端末のアイコン

Linux Ubuntu の端末は、Windows のコマンドプロンプトや PowerShell のウィンドウに似ています。

図 3.7 ● 端末

ユーザーは、「○○ @ △△ :~$」（○○はユーザー名、△△はコンピューター名）というプロンプトに対してコマンドを入力して操作します。

> 本書ではコマンドプロンプトを省略して $ だけで表します。

たとえば、端末を開いた時の現在のディレクトリを調べるときには、pwd というコマンドを使います。

```
$ pwd
/home/saltydog
```

上の例で、$ のあとの pwd がコマンドで、「/home/saltydog」はコマンドを実行した結果です。

また、たとえば、Ubuntu のバージョンを調べるときには、lsb_release というコマンドを使います（-d はコマンドに指定するオプションです）。

```
$ lsb_release -d
Description:Ubuntu 24.04.1 LTS
```

上の例は、lsb_release コマンドを実行してその結果（Ubuntu 24.04.1 LTS）が表示される例です。

GUI アプリを起動するときには、コマンドの最後に & を付けて別のプロセスとして実行するとよいでしょう。

次の例は「システムモニター」アプリ（ファイル名は gnome-system-monitor）を端末から別のプロセスとして起動する例です。

```
$ gnome-system-monitor &
```

システム全体に影響する重要な変更やセキュリティリスクのある操作を行うときには、sudo コマンドを使ってシステム管理者の権限で処理を実行する必要があります。その場合はパスワードを要求されるので、パスワードを入力します。

```
$ sudo apt install gufw
[sudo] userのパスワード: ****     ←パスワードを入力する
```

端末の終了

端末は exit コマンドで閉じる（終了する）ことができます。

```
$ exit
```

3.2　端末での操作　47

マニュアルの表示

man コマンドで、コマンドや関数などを説明している Linux のマニュアルページを表示することができます。

たとえば、「man gcc」を実行すると、C 言語のコンパイラである gcc についての解説が表示されます。

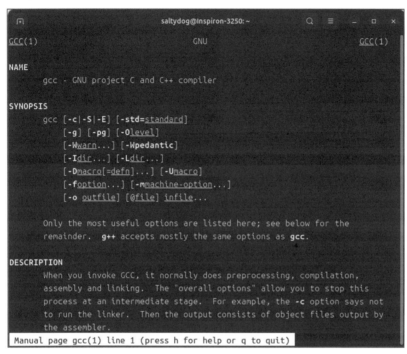

図 3.8 ● man gc の表示（一部）

スペースキーで次のページを見ることができ、[Q] でマニュアルページを閉じることができます。

このマニュアルは基本的には英語ですが、平易な英語であり、また記述方法が統一されているので、いくつかのマニュアルページを見ているうちに読み方がわかるでしょう。

日本語のマニュアルページをインストールしたいときには、次のコマンドを実行します。

```
$ sudo apt install manpages-ja
```

インストールしたら、端末から「$ man gcc」のようにして日本語マニュアルページを表示することができます。

アプリやツールのインストール

Ubuntu で提供されている多くのアプリは、アプリセンター（Ubuntu 22.04 では Ubuntu Software）からインストールすることができます。

また、端末からアプリやツールをインストールすることもできます。たとえば、第 8 章で取り上げる FFmpeg は、次のコマンドでインストールします。

```
$ sudo apt install ffmpeg
```

sudo はシステム管理者として実行できるようにするためのコマンドで、パスワードの入力を求められたら、表示されているユーザー（本書のとおりに操作しているなら、通常はインストール時に設定したユーザー）のパスワードを入力します。

端末からアプリやツールを起動しようとしたときに、次の例のようにファイルが見つからなくてインストールするためのコマンドラインが表示されることがあります。

```
$ gcc
コマンド 'gcc' が見つかりません。次の方法でインストールできます:
sudo apt install gcc
```

上の例は、C 言語のコンパイラのコマンド gcc を実行しようとして、メッセージが表示された例です。

このような場合は、メッセージに従ってインストールするためのコマンドラインを入力するとパッケージをインストールすることができます。

たとえば、C 言語のコンパイラの場合は、次のようにして gcc のパッケージをまとめてインストールすることができます。

```
$ sudo apt install gcc
[sudo] saltydog のパスワード:
パッケージリストを読み込んでいます... 完了
依存関係ツリーを作成しています... 完了
状態情報を読み取っています... 完了
以下の追加パッケージがインストールされます:
    ⋮
```

3.2　端末での操作　　49

3.3 ファイルの操作

ファイルの操作は「ファイル」アプリで行うことも端末からコマンドラインで行うこともできます。

アプリでのファイルの操作

ほとんどのファイルの操作を「ファイル」アプリで行うことができます。

図3.9●「ファイル」アプリのアイコン

「ファイル」アプリのアイコンをクリックすると、次の図のようなウィンドウが開きます。

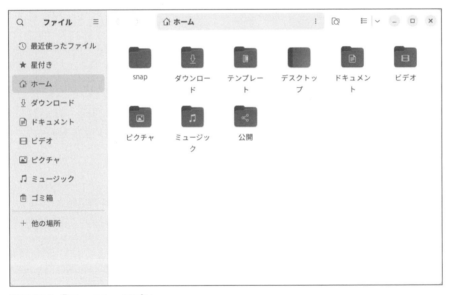

図3.10●「ファイル」アプリ

右側には現在のディレクトリ（上の図では「ホーム」）にあるファイルやディレクトリ（フォルダー）を選択するアイコンが表示されます。

「ファイル」アプリの左のパネルの「ファイル」と書かれている右側にあるハンバーガーメニューをクリックしてローカルメニューを表示し、「隠しファイルを表示」をチェックすると、

隠しファイル（ファイル名がピリオドで始まるファイル）も表示されます。

図 3.11●ハンバーガーメニュー

　右側に表示されているディレクトリ（フォルダー）のアイコンをダブルクリックすると、そのディレクトリが開きます。
　右側の空いている部分をマウスの右ボタンでクリックしてローカルメニューを表示し、「新しいフォルダー」をクリックすると、新しいディレクトリ（フォルダー）を作成することができます。
　「ファイル」に表示されているファイルをマウスの右ボタンでクリックすると、次のようなローカルメニューが表示されます。

図 3.12●ファイルをマウスの右ボタンでクリックしたときのローカルメニュー

　このメニューの中の項目をクリックすることで、ファイルを編集したり、ファイルを切り取ったりコピーするなどの操作を行うことができます。

> 大きなファイルを複数コピーするような作業を行うと、かなり時間がかかることがあります。そのような場合には「ファイル」アプリの左下に表示される通知をクリックすると、作業の進捗状況を知ることができます。

　なお、ファイルに何らかの操作をしたときには、「ファイル」アプリのアイコンに操作した数

を通知する数字が表示されます。

図 3.13 ●「ファイル」アプリのアイコンの通知表示

この通知は、デスクトップの日付と時刻をクリックすることで見ることができ、通知を消去するとアイコンの数字も消えます。

端末でのファイル操作

端末でファイルやディレクトリを操作するときには、たとえば次のようなコマンドを使うことができます（よく使われるコマンドだけを示します）。各コマンドについては付録 A「Linux の主要な操作」を参照してください。

表 3.1 ● ファイルとディレクトリ操作のコマンド（抜粋）

コマンド	機能
cp	ファイルをコピーする
cd	ディレクトリを変更する
rm	ファイルやディレクトリを削除する
ls	ファイルとディレクトリを表示する
mkdir	ディレクトリを作成する
pwd	カレントディレクトリを表示する

たとえば、次の例は afile という名前のファイルを、ドキュメントというサブディレクトリにコピーする例です。

```
$ cp afile ./ドキュメント/
```

ファイルとディレクトリのプロパティ

ファイルやディレクトリのプロパティ（属性）を調べたり、操作しなければならないことがあります。

アクセス日時や作成日時、更新日時などは、「ファイル」アプリでファイルをマウスの右ボタンでクリックして表示されるローカルメニューから「プロパティ」を選択することで表示することができます。

図 3.14 ● ファイルのプロパティの例

「ファイル」アプリでディレクトリをマウスの右ボタンでクリックして表示されるローカルメニューから「プロパティ」を選択することで、ディレクトリの中のファイルやディレクトリの数と使用しているサイズ、および空き容量を表示することができます。

図 3.15 ● ディレクトリのプロパティの例

> fdコマンドでディスクの容量や空き容量を調べることもできます（付録A「Linuxの主要な操作」参照）。

その他のファイルやディレクトリの詳しい情報は、端末で「ls -l filename」で表示することができます。

```
$ ls -l sample.txt
-rw-rw-r-- 1 saltydog saltydog 4096 10月 28 16:09 sample.txt
```

最初の10文字（上の例では-rw-rw-r--）は、ファイルとディレクトリの読み書きと実行可能かどうかの属性を表します。

ファイルとディレクトリの属性を表す文字（プロパティビット）は次のいずれかです。

表3.2●ファイルの属性を表す文字

文字	意味
d	ディレクトリであることを示す（最初の文字だけ）
r	読み込み権
w	書き込み権
x	実行権

このうち、読み書き実行権は、所有者、グループ、その他のユーザーごとに指定できます。

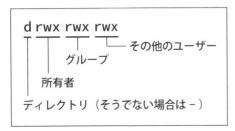

図3.16●ファイルの属性を表す文字

次の例はディレクトリなので、プロパティビットの先頭がdになります。

```
drwxrwxr-x 2 saltydog saltydog 4096 11月  5 14:52 test
```

属性を変更するときにはchmodコマンドを使いますが、そのときの属性の指定方法は2種類あります。

数字を使う方法では、所有者、グループ、その他のそれぞれの rwx に対して、次の値を合計して所有者、グループ、その他の順に並べます。

- r = 4 (2^2)
- w = 2 (2^1)
- x = 1 (2^0)

たとえば、abc というファイルに対して「chmod 751 abc」を実行すると、「-rwxr-x--x」になります。また、たとえば、abc というファイルに対して「chmod 621 abc」を実行すると、「-rw--w---x」になります。

もうひとつの方法は符号（+ か -）を使う方法です。

符号の前に、ユーザー（所有者）は u、グループは g、その他は o、または全員を意味する文字 a を付けて、符号の後には rwx のいずれかを付けます。たとえば、ファイル abc の所有者に書き込み権を与える場合は次のように指定します。

```
$ chmod u+w abc
```

グループに実行権を与える場合は次のようにします。

```
$ chmod g+x abc
```

権限を削除する場合は、マイナス（-）を指定します。
次の例は、ファイル abc の所有者全員が書き込みできないようにします。

```
$ chmod a-w abc
```

> u、g、o、a を省略して「chmod -r abc」のように指定した場合は、「chmod a-r abc」と指定したのと同じで全員の属性を変更します。

テキスト編集

多くの場合拡張子が txt であるテキストファイルや、テキストだけで記述された設定ファイルなどは、テキストエディターというアプリで編集することができます。

3.3 ファイルの操作

図 3.17●テキストエディターのアイコン

図 3.18●テキストエディター

左上の「開く」をクリックすると、既存のファイルを開くことができます。

歯車型の設定をクリックすると、テキストエディターの設定メニューが表示されます。

図 3.19●テキストエディターの設定メニュー

歯車の横のハンバーガーメニュー（三本の水平線）をクリックするとテキストエディターの

メインメニューが表示されます。

図 3.20 ● テキストエディターのメインメニュー

より高機能な gedit というエディターもよく使われます。通常、gedit は明示的にインストールする必要があります。gedit はアプリセンター（ubuntu 22.04 では Ubuntu Software）からインストールすることができます。

端末からコマンドでインストールするときには、次のコマンドでインストールします。

```
$ sudo snap install gedit
（または）
$ sudo apt install gedit
```

sudo はシステム管理者として実行できるようにするためのコマンドで、パスワードの入力をも求められたら、表示されているユーザー（本書のとおりに操作しているなら、通常はインストール時に設定したユーザー）のパスワードを入力します。

次の例は gedit エディターを端末から起動する例です。

```
$ gedit
```

3.3 ファイルの操作

図 3.21 ● gedit

gedit を起動したら、一般的な編集を行ったり、メニューから置換や検索などを行うことができます。

図 3.22 ● gedit のメインメニュー

また、gedit では複数のファイルを開いてそれぞれ編集することができます。
端末に単にテキストファイルの内容を表示するだけなら、cat コマンドを使うことができます。

```
$ cat samplejp.txt
これはsampleのテキストファイルです。
2行目だよ。
```

テキストファイルのサイズが大きくて端末に表示できる行数単位で見たい場合は、パイプ（|）を使って more コマンドにテキストを送ります。

```
$ cat samplejp.txt | more
```

すると、テキストファイルの最初から端末に表示できるだけの行数が表示されます。さらに続きを見たいときにはスペースキーを押し、閲覧を中止したいときには［Q］を押します。

3.4 設定

ここでは、初心者であっても知っておくとよい基本的な設定について簡単に説明します。

設定アプリ

「設定」アプリのアイコンをクリックすると、設定のためのウィンドウが開きます。

図 3.23 ●「設定」アプリのアイコン

図 3.24 ●「設定」アプリのウィンドウ

「設定」アプリの左側に表示されているカテゴリを選択してから、右側に表示される設定する項目を設定することができます。

たとえば左の「電源管理」を選んで、右側の「省電力」から「画面のブランク」をクリックすると、操作していないときに画面が消えるまでの時間を選択することができます。

通知ポップアップの設定

デスクトップの日付と時刻をクリックして表示されたウィンドウで「ポップアップを表示しない」をクリックすると、通知ポップアップが表示されなくなります。

壁紙の設定

「ユーティリティ」の中にある「画像ビューアー」アプリでファイルを開き、水平3本線をクリックするメインメニューから「壁紙にする」を選択することで、壁紙のイメージを設定することができます。

セキュリティ

Linux はクライアント PC としては Windows ほど使われていないため、クライアント Linux マシンをターゲットとする悪意ある試みは Windows よりははるかに少ないので、ウィルスなどによって問題が発生する可能性がWindowsよりは低いといえます。そのため、一般的にはウィルス対策ソフトは必ずしも必要ではないと考えてもよいでしょう。その代わりに、頻繁にアップデートすることが重要です。

念のためにウィルス対策ソフトを導入したい場合は、有料のソフトも数社から販売されていますし、OSS（Open Source Software、オープンソフトウェア）として ClamAV（http://www.clamav.net）も利用できます。

> ファイアウォールや PC の安全な使用については第 5 章「インターネット」で基本的なことを説明します。

第4章
日本語入力

この章では文字や日本語の入力方法、フォント、日本語
辞典などについて説明します。

4.1　入力の方法

ここでは Linux Ubuntu で通常使われる文字と日本語の入力方法について説明します。

<ins>文字</ins>

文字には原則として Unicode を使います。Unicode は、いわゆる半角英数記号と日本語の文字やその他の言語の文字、記号などをサポートしています。

特に指定しない限り、Linux Ubuntu では UTF-8 という形式の Unicode 文字が使われるので、通常の使用ではいわゆる文字コードの問題が発生することは少ないでしょう。もし文字化けなどが発生したら、4.2 節「文字とフォント」の「エンコーディング」を参照してください。

<ins>日本語の文字入力</ins>

日本語の文字を入力するには、まず、デスクトップの右上に表示されている（A）をクリックしてドロップダウンメニューを表示します。

図 4.1 ● 文字入力のメニュー

このメニューの中で、「日本語 (Mozc)　あ」をクリックします。そして、［漢字］キー（［半角 / 全角漢字］）キーを押すと、クリックした（A）が（あ）に変わり、かな漢字変換ができるようになります。

> ［Win］+［Shift］+［Space］または［Win］+［Space］で（A）と（あ）を切り替えるキーボードもあります。

基本的なかな漢字変換はスペースキーで行うことができます。標準的なキーボードを使った場合の変換の主な操作キーを次の表に示します。

表 4.1 ● 変換の操作キー

キー	変換
[スペース]	通常のかな漢字変換
[Enter]	変換確定
[F7]	全角カタカナ
[F8]	半角カタカナ
[F9]	全角ローマ字
[F10]	半角ローマ字

> 日本語の入力で問題が発生した場合は、付録 B「トラブル対策」の「日本語入力がおかしい」を参照してください。

予測変換と変換候補

かな漢字変換では、予測変換が行われ、また、変換候補が表示されます。表示された候補の中に適切なものがあれば、[Tab]で選択するか、上下矢印キーで選択するか、あるいはマウスでクリックすると、選択したものを入力することができます。

図 4.2 ● 変換候補

記号の入力

いわゆる半角の記号はそのまま入力できます。

Unicode 文字に含まれる記号は、かな漢字変換機能を使って入力することができます。たとえば、Σ（シグマ）、√（ルート）、Φ（ファイ）などはかなで入力して記号に変換することができます。

音符（♪）や顔文字（＼(^o^)／、(^o^)、😀、😳）などのいくつかの特殊文字やマークなどもかな漢字変換機能を使って入力することができます。

辞書への単語登録

　かな漢字変換のメニューから、［ツール］→［単語登録］を選択すると、単語を選択するための「Mozc 単語登録」が表示されます。

図 4.3 ● 変換メニュー

　Mozc 単語登録では、名詞や動詞、人名など以外に短縮読みを登録することもできます。

図 4.4 ●「Mozc 単語登録」

　かな漢字変換のメニューから、［ツール］を選択すると、さらに、「辞書ツール」で辞書の内容を変更したり、「プロパティ」で入力方法などを設定したりすることもできます。

図 4.5 ● mozc 辞書ツール

Mozc の設定

かな漢字変換システム Mozc を設定するときには、まず、「設定」アプリを開きます。

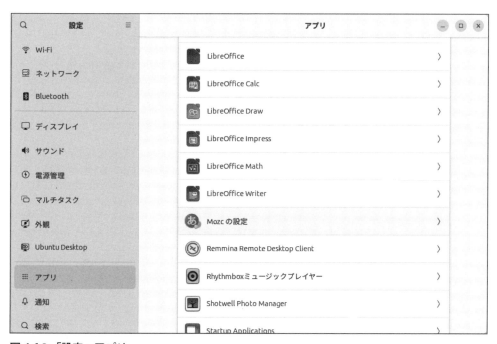

図 4.6 ●「設定」アプリ

そして、「アプリ」→「Mozc の設定」をクリックします。次のようなウィンドウが表示され

4.1 入力の方法

た場合は［開く］をクリックします。

図 4.7● Mozc の設定（サンドボックス化の確認）

［開く］をクリックすると、次のような「Mozc プロパティ」ウィンドウが開きます。

図 4.8●「Mozc プロパティ」

ここで必要に応じてさまざまな設定を変更することができます。設定を変更したら［OK］を
クリックします。

> 上記の方法で日本語入力に問題がある場合には、付録Ｂ「トラブル対策」の「日本語
> 入力がおかしい」を参照してください。

4.2　文字とフォント

さまざまな文字を利用したり、フォントを利用することができます。

特殊な文字の入力

アプリのアイコンのリストから「ユーティリティ」を選択して「文字」ウィンドウを表示し
ます（アイコンは「ユーティリティ」の２ページ目に表示されていることもあります）。

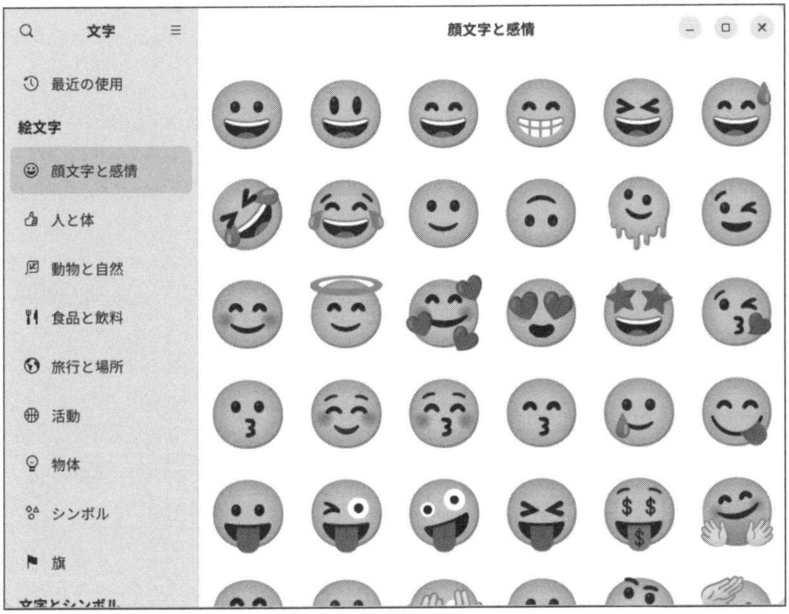

図 4.9 ●「文字」ウィンドウ

文字を選んでクリックするとクリップボードにコピーされるので、それをエディターなどで
ペースト（［Ctrl］＋［V］）して表示することができます。

4.2　文字とフォント　67

フォント

「ユーティリティ」を選択して「フォント」ウィンドウを表示します。

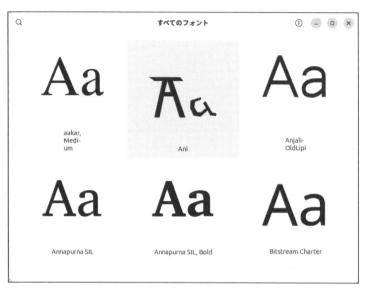

図 4.10 ●「フォント」

利用できるフォントが表示されるので、使いたいフォントをクリックするとその詳細が表示されます。

図 4.11 ● フォントの詳細

「Info」をクリックすると、そのフォントについての詳細な情報が表示されます。

フォントがインストールされていない場合は、「インストール」をクリックしてインストールします。

インストールされているフォントは、フォントを選択できるアプリで使用することができます。

エンコーディング

日本語を含むテキストファイルの標準的なエンコード形式は UTF-8 です。Linux Ubuntu の中で作業している限り、UTF-8 が使われていると考えてほぼ問題ないでしょう。

しかし、Windows のシフト JIS（SJIS）のテキストファイルを扱わなければならないこともあるかもしれません。

SJIS のテキストファイルの内容をたとえば cat コマンドで表示すると、次に示すようにいわゆる文字化けを起こします。

```
$ cat sjis.txt
sjis.txt
◆◆◆◇G◆◆◆R◆[◆h◆i◆◆p◆T◆◆◆v◆◆◆e◆L◆X◆g◆t◆@◆C◆◆◆t◆◆B
```

図 4.12●SJIS テキストの文字化け

この問題はエンコードを UTF-8 に変換すれば解決します。

テキストファイルのエンコードを SJIS から UTF-8 に変換するには、iconv コマンドを次のように使います。

```
$ iconv -f sjis -t utf8 sjis.txt > utf8.txt
```

オプション「-f sjis」は入力ファイルのエンコードが SJIS であることを指定し、オプション「-t utf8」はターゲットのエンコードが UTF-8 であることを表します。sjis.txt は SJIS から UTF-8 に変換したいテキストファイルの名前です。「>」とそのあとにファイル名を指定することで指定した名前のファイルが作成されて結果が保存されます。

変換したファイルを cat コマンドで表示してみると、正しく変換されていることがわかります。

```
$ cat utf8.txt
sjis.txt
これはエンコード変換用サンプルのテキストファイルです。
```

4.2　文字とフォント　69

4.3　日本語関連のアプリ

Linux Ubuntu では、いくつかの日本語関連のアプリを容易に使うことができます。

Gjiten

英語の表現もわかる日本語辞典として Gjiten があり、アプリセンター（ubuntu 22.04 では Ubuntu Software）からインストールして使うことができます。

Gjiten をインストールするには、アプリセンターで Gjiten を検索して［インストール］をクリックします。

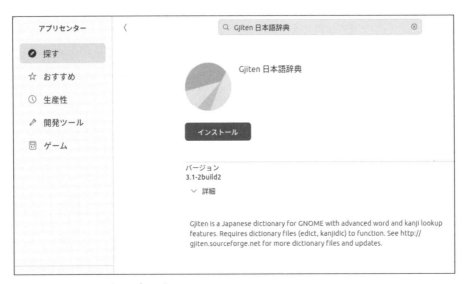

図 4.13●Gjiten のインストール

インストールすると、Gjiten のアイコンが表示されます。

図 4.14●Gjiten のアイコン

Gjiten のアイコンをクリックすると、Gjiten が表示されます。

70　第 4 章　日本語入力

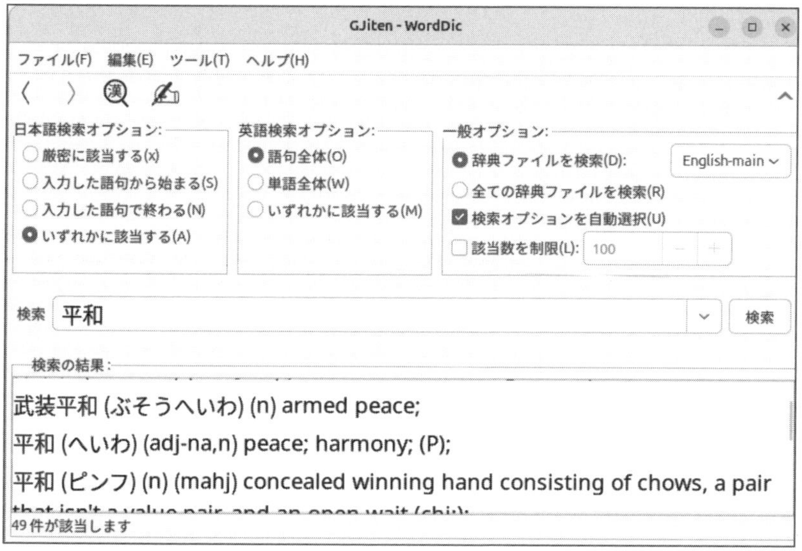

図 4.15●Gjiten

　たとえば、上の例のように「検索」に語を入力して［検索］をクリックすると、その後を含む単語とその英訳が表示されます。表示された情報は、必要に応じてコピーして他のアプリなどにペーストすることができます。

4.3　日本語関連のアプリ　71

第5章
インターネットとネットワーク

この章では、インターネットとネットワークに関することを取り上げます。

5.1 Web ブラウザ

Ubuntu には Web ブラウザとして Firefox が含まれています。

Firefox

Linux のインストール時に、よく使われるアプリをインストールする「拡張選択」で Linux Ubuntu をインストールすると、Web ブラウザとして Firefox がインストールされます。ダッシュボードに表示されている Firefox のアイコンをクリックすると、Firefox が起動します。

図 5.1 ● Firefox のアイコン

図 5.2 ● Firefox

> アイコンをクリックしても Firefox が起動しない場合は、「ソフトウェアの更新」を実行してみてください。

Firefox の使い方は、他の多くの Web ブラウザと同様で、アドレスフィールドにアドレスま

たは検索文字列を入力してサイトに接続して閲覧します。Firefox は、Microsoft Edge のようにユーザーのいろいろな情報を取得してサーバーに送ったり、メーカーの都合で情報を自動的に表示するようなことがないので、軽快に利用できます。

　Firefox の設定を変更したり、何らかの操作をしたいときには、右上にあるハンバーガーメニューをクリックしてメニューを表示します。

図 5.3●Firefox のメニュー

Chrome

　Google Chrome を使いたい場合は、サイトからダウンロードしてインストールする必要があります。

　ダウンロードするには、Firefox で Google Chrome のサイトに移動して、Ubuntu 用の Google Chrome（.deb）をダウンロードします。ダウンロードしたファイルは「ダウンロード」

というディレクトリに保存されます。

　ダウンロードが完了したら、ダウンロードしたファイルをマウスの右ボタンでクリックして「ソフトウェアのインストールで開く」を選択します。そして、表示されるウィンドウで「インストール」をクリックします。インストールが終了すると「Google Chrome」のアイコンが表示されます。

図 5.4●「Google Chrome」のアイコン

　「Google Chrome」のアイコンをクリックすると、Chrome が起動します。
　Chrome が起動すると、Google にログインするページが表示されますが、ログインしなくても使用できます。また、Chrome をデフォルトの Web ブラウザにするかどうかを選択するページが表示されたときには、デフォルトにするかしないかのどちらかを選びます。

図 5.5●Google Chrome

Opera

Opera はノルウェーで開発された軽快な Web ブラウザです。

Opera を使いたい場合は、アプリセンターからインストールすることができます。

図 5.6●Opera のインストール

図 5.7●「Opera」のアイコン

「Opera」のアイコンをクリックすると、Opera が起動します。Opera が起動すると、アンケートページが表示されますが、無視してもかまいません。

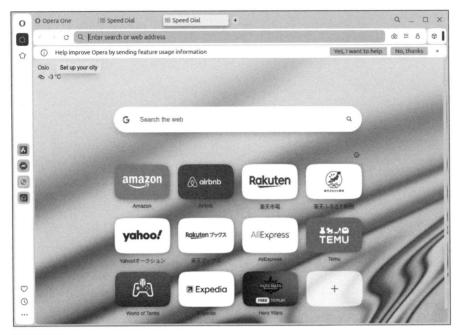

図 5.8 ● Opera

Operaの左側に縦に表示されている中のAriaアイコンをクリックするとチャットが、Facebook Messengerをクリックすると Facebookのメッセンジャーが起動します。

5.2 メール

Linux Ubuntuを拡張選択でインストールすると、メールクライアントとしてThunderbirdがインストールされます。

メールサーバーへの接続の準備

メールアドレスの設定は容易ですが、メールアドレスによっては、あらかじめ接続のための情報を整理しておいたり、メールサーバーに外部アプリからのアクセスをあらかじめ許可する必要があります。

次の例はYahooメールにログインしてPOPメールのアクセスを許可する場合の設定例です。

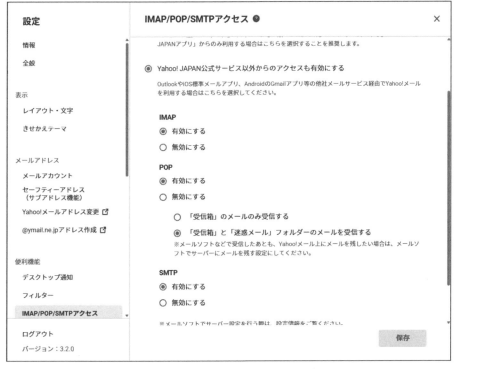

図 5.9●外部アプリからのアクセスの設定（例：yahoo メール）

この例の場合、Yahoo メールに Web ブラウザからログインして、図に示したように外部アプリからの POP 接続を有効にします。

Thunderbird の使い方

Thunderbird のアイコンをクリックすると、Thunderbird が起動します。

図 5.10●Thunderbird のアイコン

Thunderbird を最初に起動したときには、メールアカウントの登録を行うページが表示されるので、氏名、メールアドレス、パスワードを入力します。

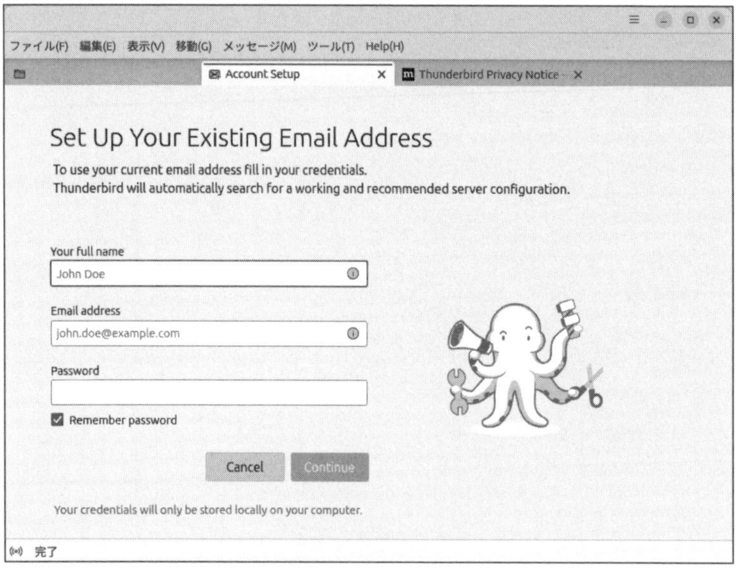

図 5.11 ●メールアカウントの登録

　メジャーなメールサーバーであれば、入力したメールアドレスをもとに、Thunderbird がデータベースからアカウントの設定を探して表示します。

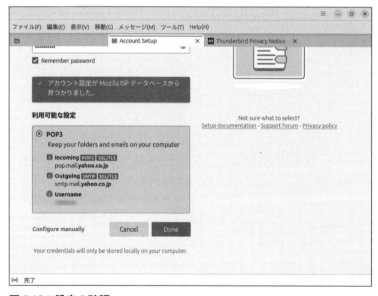

図 5.12 ●設定の確認

　ここで［Done］をクリックすればアカウントの設定は終了です。

メールサーバーにメールがあれば、メールがダウンロードされます。

図 5.13 ● メールの一覧

見たいメールをクリックすると、メールの内容が表示されます。

図 5.14 ● メールの内容

登録したアカウントの設定を変更したい場合は、Thunderbirdのメニューから［編集］→［アカウント設定］を選択して表示される「アカウント設定」で変更できます。最初に登録したアカウント以外のアカウントを追加したい場合は、Thunderbirdのメニューから［編集］→［アカウント設定］を選択して表示される「アカウント設定」で［アカウント操作］→［メールアカウントを追加］を選択して追加します。

> 「アカウント設定」でチャットアカウントやフィードアカウント、ニュースグループアカウントも追加できます。

Vivaldi

VivaldiはWebブラウザとして知られていますが、単なるブラウザではなく、メールやニュースも扱える統合されたクライアントです。

Vivaldiをインストールするには、アプリセンターからVivaldiを検索してインストールします。

図5.15●Vivaldiのインストール

Vivaldiをインストールすると、アプリのアイコンが表示されます。

82　第5章　インターネットとネットワーク

図 5.16●Vivaldi のアイコン

Vivaldi を起動すると Web ブラウザとして利用できます。

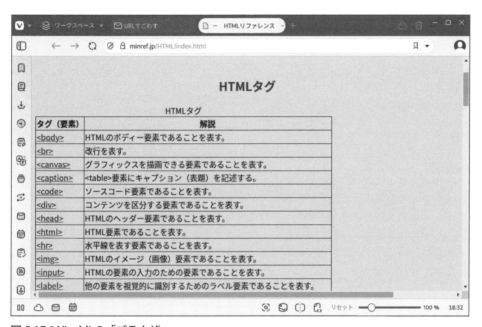

図 5.17●Vivaldi の「ブラウザ」

さらに、メールの受信設定を行って、左下のメールのマークをクリックするとメールが表示されます。メールの受信設定は、典型的にはアドレスとパスワードを設定するだけです。

図5.18●Vivaldiの「メール」

5.3 ファイアウォール

　ファイアウォールは、ネットを介して送受できる情報の種類やアドレスなどを制限するアプリです。Linux Ubuntuにはファイアウォールソフトウェアが用意されています。

gufwのインストール

　Linuxには、ファイアウォールとしてiptablesが用意されています。さらに、iptablesをより容易に設定するためのツールとして**ufw**（Uncomplicated Firewall）があります。ufwはコマンドラインから操作するCUIアプリですが、他にGUIで操作できる**gufw**も用意されています。

　ufwまたはgufwを使うことで、特定のポートやプロトコルなどの通信を禁止または許可することができます。

　gufwはデフォルトではインストールされていないので、アプリセンター（ubuntu 22.04の場合はUbuntu Software）から、「gufw」でアプリ「Firewall Configuration」を検索してインストールします。

　あるいは、端末から次のコマンドを実行することでインストールすることもできます。

```
$ sudo apt install gufw
```

ファイアウォールの設定

　gufwのインストールが完了すると「ファイアウォール」アプリのアイコンが追加されます。また、端末からは「sudo gufw」で起動することができます（起動時にユーザーのパスワードを入力して認証する必要があります）。

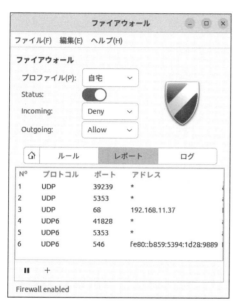

図5.19●「ファイアウォール」

　「プロファイル」で「自宅」、「会社」、「パブリック」のいずれかを選択して、「status」のスライドを右に動かすと、ファイアウォールがアクティブになります。

　「レポート」をクリックすると、行われた通信が表示されるので、[+]をクリックすると、「ファイアウォールのルールを追加」が表示されてルールが追加されます。

図 5.20● 「ファイアウォールのルールを追加」

「ポリシー」が「Allow」ならばその通信は許可されます。「Deny」にすると、その通信は遮断されます。

なお、gufw をインストールすると、ufw もインストールされるので、端末からコマンドラインで ufw を利用することができます。次の例は、ufw で現在のファイアウォールの状態を調べる例です。

```
$ sudo ufw status
状態: アクティブ
```

> クライアントではなく、サーバーとして公開するような場合は、ファイアウォールを構成することが必要不可欠です。サーバーとして利用することは本書の範囲外なので、サーバーのセキュリティ対策については他のリソースを参照してください。

PC の安全な使用

Linux マシンに限らず、PC を安全に保つために必要なことは、次のようなことが重要であると一般に考えられています。

● 信頼できるサイトだけを閲覧する。
  メールアドレスやクレジットカード情報などを詐取する目的のサイトや、悪意を持ったプログラムをインストールさせようとするサイトには近づかないことが重要です。ルー

ターに接続することでホームネットワーク内を保護することを目的とした「ウイルスバスター for Home Network」のような危険性のあるサイトへの接続を遮断する機器などを導入することを検討するのも良いでしょう。

- 疑いのあるメールは開封しない。
  フィッシングやウィルスが侵入する主な原因は、悪意を持って送られてくるメールです。メールの送信元は偽装できるので、メールの送信元だけで安全かどうか判断することはできません。怪しげなメールは開封しないことが重要です。

- 使用しないときには電源を切る。
  クライアント PC の場合、常時電源を入れておく理由はありません。使用しないときには電源を切っておくことによって侵入の試みを遮断できます。

使い方によりますが、工夫することによって、必要な時を除いて電源を切っておくことができます。たとえば、メールサーバーでメールをスマホに転送しておくように設定しておけば、重要なメールを見逃すことなく、本当に必要なときだけ PC を使うことができるようになります。

第6章
オフィス

この章では、一般的な作業でよく使われる文書編集、表計算などのいわゆるオフィスアプリを紹介します。

6.1 LibreOffice

LibreOffice は、いわゆるオフィスと呼ばれる一連のアプリをまとめたものです。

オフィススイート

LibreOffice は、ワードプロセッサー LibreOffice Writer、表計算アプリ LibreOffice Calc、ドロー（描画）ツール LibreOffice Draw、スライド作成アプリ LibreOffice Impress、数式作成アプリ LibreOffice Math をまとめたオフィススイートです。これらは、Linux Ubuntu を拡張選択でインストールすると、インストールされます。

LibreOffice では、アイコンをクリックすると、ドキュメント選択画面が表示されて、作成するドキュメントを選択することができます。

図 6.1 ● LibreOffice のアイコン

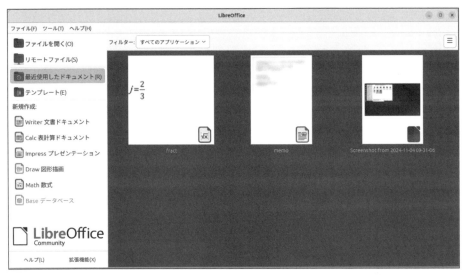

図 6.2 ● LibreOffice のドキュメント選択画面

また、LibreOffice の［ファイル］→［新規作成］メニューから選択して、HTML 形式のドキュメントやラベルなどさまざまなものを作成することができます。

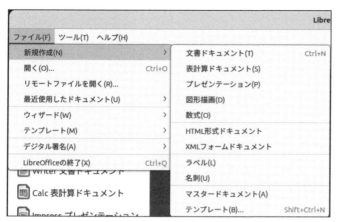

図 6.3●LibreOffice の［ファイル］→［新規作成］メニュー

　［ファイル］→［開く］から、LibreOffice が扱うことができるさまざまな種類の既存のファイルを開くこともできます。

　LibreOffice を起動したら、メニューから［ヘルプ］→［LibreOffice ヘルプ］を選択するか、あるいは次の URL を開くと、ヘルプを表示して操作方法を調べることができます。

　　https://help.libreoffice.org/latest/ja/text/shared/05/new_help.html

6.2　文書編集と表計算

　文書編集は LibreOffice Writer で、表計算は LibreOffice Calc で行うことができます。

LibreOffice Writer

　LibreOffice Writer は Microsoft Word とほぼ同等の機能を備えたワードプロセッサー（文書作成編集）アプリです。

図 6.4 ● LibreOffice Writer

ドキュメントのテキストなどには、さまざまなスタイルを指定できます。たとえば、テキスト行に本文や見出しを設定することができます。

見出しを設定すると、編集中に［F5］を押すことで、ナビゲーターが表示されて構成を見たり、特定の見出しのところにジャンプすることができます。

図 6.5 ● ナビゲーター

さらに、図や表、グラフ、ハイパーリンクなどを挿入したり、書式を指定したりすることができます。これらは、メニューから行うこともできますが、その多くはドキュメント上部のツールバーから操作することができます。

ドキュメント全体に関しては［ツール］→［オプション］で「オプション」を表示して設定できます。

図 6.6 ●「オプション」

また、個々のオブジェクトのプロパティを変更することもできます。たとえば、文章に挿入した図をページの中央に配置するのではなく、左寄せでひとつの文字であるかのように配置したい場合は、図をマウスの右ボタンでクリックして、表示されるコンテキストメニューで［アンカー］→［文字として］を選択します。

LibreOffice Writer のデフォルトのファイル形式は ODF（OpenDocument Format）で、拡張子は .odf です。また、Microsoft Word の .docx や RTF、PDF などさまざまな形式で保存することもできます。

> Microsoft Word の文書を LibreOffice Writer で読み込んだ時に、レイアウトや見た目が変わることがあります。これは主に使用するフォントが異なることや、段落などのスタイルの違い、図表の扱い方の詳細の違いから発生します。

LibreOffice Calc

LibreOffice Calc は Microsoft Excel とほぼ同等の機能を備えた表計算アプリです。

図 6.7●LibreOffice Calc のアイコン

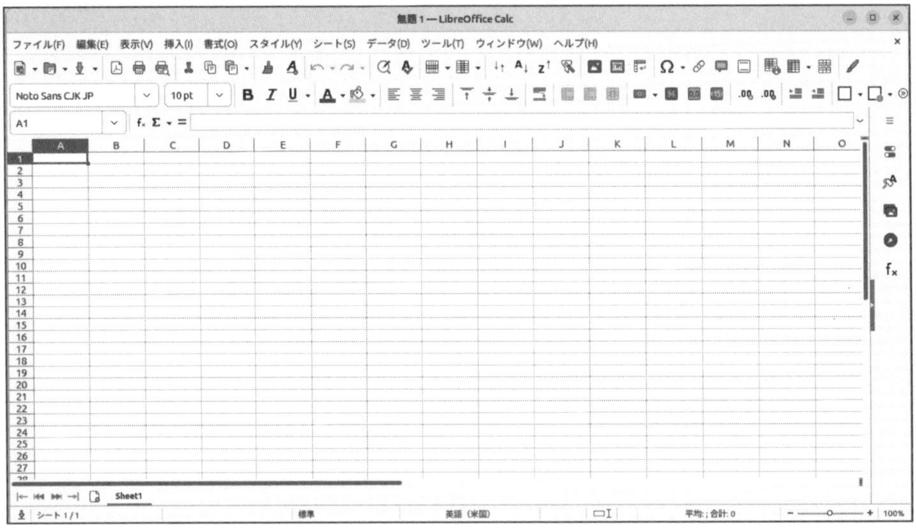

図 6.8●LibreOffice Calc

　基本的な操作方法は、Microsoft Excel に似ていて、セルに値や式を入力して、表計算を行うようにします。セル内の書式（左寄せ、フォントなど）は、ツールバーから行うこともできます。
　セルには式や関数を入力することもできます。たとえば、セルをクリックして右のバーに表示されている関数アイコンをクリックします。

図 6.9●関数アイコン

　そして、式を入れたいセルをクリックしてから、たとえばセル範囲の合計を計算する式をセルに入れたいのなら、「SUM」をクリックするとそのセルに「=SUM(数値)」と入力されます。そして合計したい最初のセルをクリックします。たとえば B1 のセルをクリックすると、

「=SUM(B1)」のようになります。次にコロンを入力して「=SUM(B1:)」にします。さらに合計したい最後のセルをクリックすると、「=SUM(B1:B10)」のようになります。カーソルをセルの最後に移動して［Enter］をクリックすると、セルに合計が計算されて表示され、上部のフィールドには式「=SUM(B1:B10)」が表示されます。

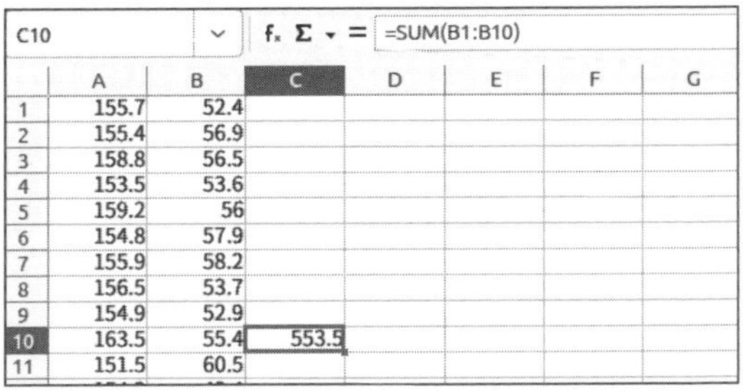
C10　=SUM(B1:B10)

	A	B	C	D	E	F	G
1	155.7	52.4					
2	155.4	56.9					
3	158.8	56.5					
4	153.5	53.6					
5	159.2	56					
6	154.8	57.9					
7	155.9	58.2					
8	156.5	53.7					
9	154.9	52.9					
10	163.5	55.4	553.5				
11	151.5	60.5					

図 6.10●合計を計算する例

LibreOffice Calc のデフォルトのファイル形式は ODF（OpenDocument Format）表計算ドキュメントで、拡張子は .ods です。また、Microsoft Excel の形式やテキスト、CSV、HTML などさまざまな形式で保存することもできます。

6.3 LibreOffice のさまざまなツール

LibreOffice では、さらに以下のようなツールが利用できます。それぞれの操作方法は LibreOffice のヘルプに記載されています。

LibreOffice Draw

LibreOffice Draw は、ドロー（描画）ツールです。

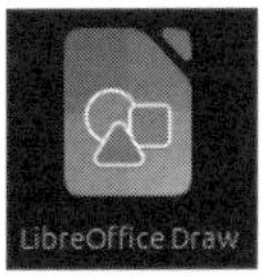

図 6.11●LibreOffice Draw のアイコン

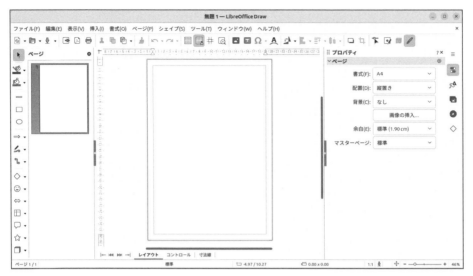

図 6.12 ● LibreOffice Draw

　たとえば、右横の「シェイプ」アイコンをクリックすると、選択して描画面に描くことができるさまざまなシェイプのリストが表示されます。

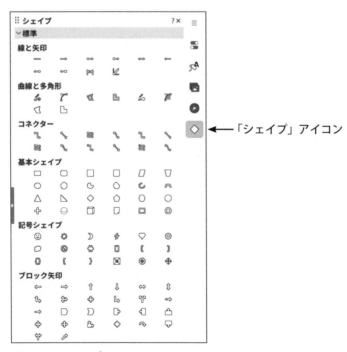

図 6.13 ● シェイプ

LibreOffice Drawのデフォルトのファイル形式はODF（OpenDocument Format）図形描画ドキュメントで、拡張子は.odgです。また、Flat XML ODF図形描画形式（.fodg）形式で保存することもできます。

LibreOffice Impress

LibreOffice Impressは、MicrosoftのPowerPointに似たスライド作成アプリです。

図6.14●LibreOffice Impressのアイコン

図6.15●LibreOffice Impressのテンプレート選択画面

LibreOffice Impressを開くか、LibreOffice Impressの新しいドキュメントを作成すると表示されるテンプレートから選択して、新しいスライドを作成することができます。

LibreOffice Impressのデフォルトのファイル形式はODF（OpenDocument Format）プレゼンテーションで、拡張子は.odpです。また、Microsoft PowerPointの形式やOffice Open XMLプレゼンテーション形式で保存することもできます。

LibreOffice Math

LibreOffice Math は数式作成アプリです。

図 6.16 ● LibreOffice Math のアイコン

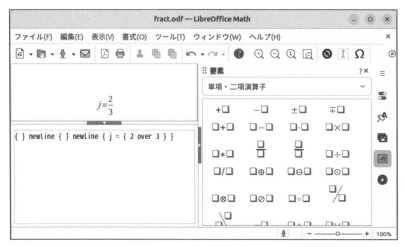

図 6.17 ● LibreOffice Math の使用例

　右側に表示される式のひな形から選択して、右側に表示されている各部に適切な文字や数字を入力することで式を表現します。

　LibreOffice Math のデフォルトのファイル形式は ODF（OpenDocument Format）数式で、拡張子は .odf です。また、MathML 2.0 形式（.mml）で保存することもできます。

LibreOffice Base

　LibreOffice Base は、データベースのフロントエンド（データベースを操作するためのアプリ）です。他のオフィスのドキュメント作成編集ツールとは違って、データベースを定義して利用できるようにします。

　他の LibreOffice の要素とは違って、Linux Ubuntu の LibreOffice Base を利用するには、あとからインストールする必要があります。

　LibreOffice Base はアプリセンターで「libreoffice base」で検索してインストールすることができます。

あるいは端末からインストールするときには次のコマンドで実行します。

```
$ sudo apt install libreoffice-base
```

次のようにパスワードを要求されるのでパスワードを入力し、さらに「続行しますか？[Y/n]」に対して［Y］を押します。

```
[sudo] saltydog のパスワード:
パッケージリストを読み込んでいます... 完了
依存関係ツリーを作成しています... 完了
状態情報を読み取っています... 完了
以下の追加パッケージがインストールされます:
  :
この操作後に追加で 241 MB のディスク容量が消費されます。
続行しますか? [Y/n]
```

少し時間がかかりますが、インストールが終了すると、LibreOffice Base のアイコンがアプリのメニューに表示されます。

図 6.18 ● LibreOffice Base のアイコン

アイコンをクリックして LibreOffice Base を起動すると、「データベースの選択」が表示されます。

図 6.19 ●「データベースの選択」

　ここで、データベースを新規作成するか、既存のデータベースファイルを開くか、あるいは既存のデータベースに接続します。
　ここでは、データベースを新規作成することにして［完了］をクリックします。

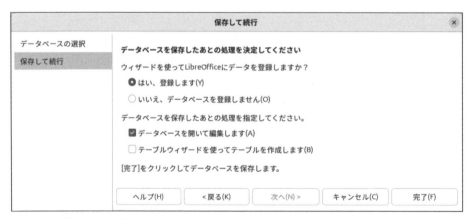

図 6.20 ●「保存して実行」

　「保存して実行」を選択して［完了］をクリックします。ファイル名を入力するダイアログボックスが表示されます。

図6.21●ファイルダイアログボックス

適切なファイル名を指定して［保存］をクリックします。
データベースを定義するウィンドウが表示されます。

図6.22●データベース定義画面

　たとえば、「デザイン表示でテーブルを作成」をクリックして、次のようにデータベースのテーブルを定義します。

6.3　LibreOffice のさまざまなツール　　101

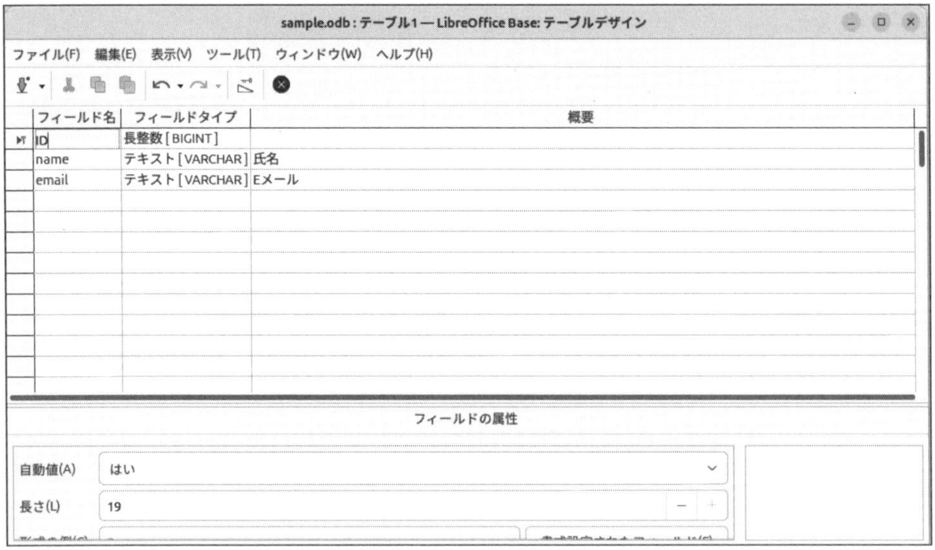

図 6.23 ● データベーステーブルの定義例

定義したら、[ファイル]→[保存]でデータベースの定義を保存することができます。

> データベースの解説はそれだけでひとつのテーマとなるほど情報量が多いので、本書ではこれ以上のことは取り上げません。

6.4　その他のツール

LibreOffice に含まれないものの、主にオフィスや学習、研究などに便利に使えるツールが Linux Ubuntu にはいくつか用意されています。

電卓

容易に使える電卓が用意されています。

図 6.24 ●「電卓」のアイコン

使い方はまさに電卓ですが、モードとして「基本」、「拡張」、「財務」、「プログラミング」、「キーボードモード」から選択することができます。また、数値の表示形式として「自動」、「固定小数点」、「科学」、「工学」から選択することができます。さらに、「設定」で、小数点以降の桁数、有効桁数、3桁ごとの区切り、角度の単位、word サイズ、為替レートの更新間隔などを設定することができます。

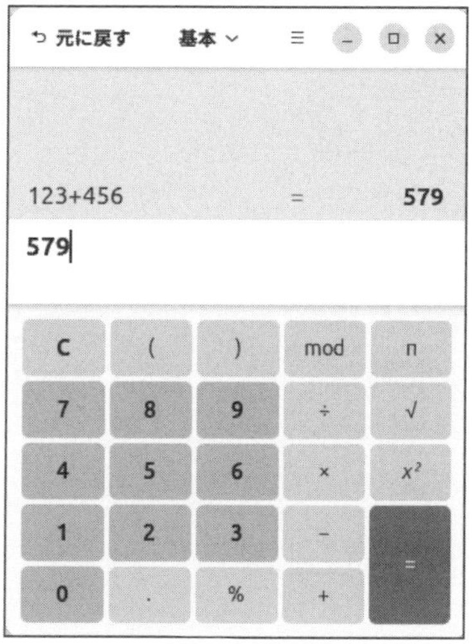

図 6.25 ● 電卓

ToDo リスト

　ToDo リストは、第 5 章で紹介した Thunderbird のようなメールクライアントにも含まれています。

　Thunderbird の ToDo を使いたいときには、Thunderbird を起動して、左側のツールバーから ToDo のアイコンをクリックします。

　予定を書き込めるようにするには、左下の「New Calender」をクリックして、使用しているコンピューターに保存するか、ネットワークのサーバーに保存するかを選択します。

6.4　その他のツール　103

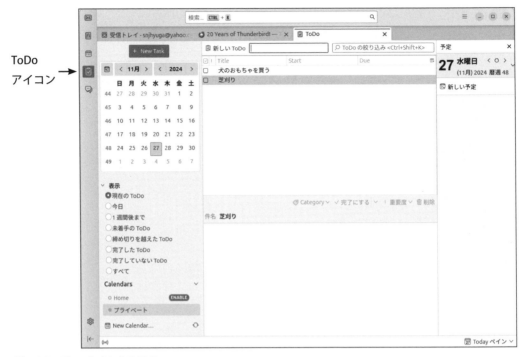

図 6.26●Thunderbird の ToDo

　スタンドアロンの ToDo アプリとしては他に、たとえば Endeavour、Todoist、ToDorant などをアプリセンターからインストールすることができます。

図 6.27●Endeavour の使用例

QR コードとバーコード

QR コードのスキャンと生成は「QR Scanner/Generator」や「QtQR」で、QR コードの生成は「QR Generator」で、バーコードのスキャンは「Barcode Scanner」で行うことができます。いずれもアプリセンターからインストールすることができます。

図 6.28●QrQt

第 7 章
画像と PDF

この章では、画像や PDF を表示したり作成する方法を
説明します。

7.1　画像の表示

ここでは、画像ファイルを表示する方法を示します。

<u>画像の閲覧</u>

　PNG（.png）、GIF（.gif）、JPEG（.jpg）、BMP（.bmp）、TIFF（.tiff）のような一般的な形式の画像ファイル（イメージファイル）は、「画像ビューアー」で開くことができます。

図 7.1●「画像ビューアー」のアイコン

　また、「ファイル」アプリで、画像ファイルのアイコンが表示されているファイルをダブルクリックするか、マウスの右ボタンでクリックして「画像ビューアーで開く」を選択すると、その画像ファイルを「画像ビューアー」で開くことができます。
　画像ビューアーのメニューから［壁紙にする］を選択すると、開いた画像を壁紙にすることができます。

7.2　画像の作成と編集

　第 6 章「オフィス」で紹介した LibreOffice Draw で画像を作成することができますが、他に画像の作成や編集によく使われるアプリとして GIMP や Pinta などがあります。

<u>GIMP</u>

　GIMP（GNU Image Manipulation Program）は、アプリセンター（ubuntu 22.04 ではUbuntu Software）からインストールできる画像編集ツールです。

図 7.2 ● アプリセンターの GIMP のアイコン

「GNU Image Manipulation Program」をクリックすると、GIMP のインストール画面が表示されます。

図 7.3 ● GIMP のインストール画面

開いた GIMP のインストール画面で、［インストール］をクリックします。

インストールには多少時間がかかります。

インストールが完了すると、GIMP のアイコンが表示されます。

図 7.4●GIMP のアイコン

GIMP のアイコンをクリックすると、GIMP が開いて画像を作成したり編集することができます。

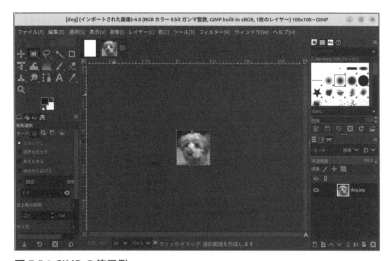

図 7.5●GIMP の使用例

作成や編集したファイルを保存すると、xcf ファイルとして保存されます。

図 7.6●xcf ファイル（GIMP のデータファイル）のアイコン

GIMP で編集した画像は、PNG（.png）、GIF（.gif）、JPEG（.jpg）などの一般的な形式の画像ファイルとしてエクスポートできます。加えて、PDF としてエクスポートすることもできます。

GIMP の特徴は、複数のサイズの異なるレイヤーを重ねたり、図形を変形したりして、非常

に凝った画像を作成できることです。そのようなことを可能にするために、GIMPは豊富な機能を持っています。詳しい操作方法をマスターしたい場合は、GIMPの解説書を熟読するとよいでしょう（Windows版のGIMPの解説書でも役立ちます）。

Pinta

GIMPは高機能ですが、それだけに使いこなすのには時間と手間がかかり、プログラムも大規模で起動にも時間がかかります。GIMPほどの機能は必要なく、画像に単純な文字列を書き込んだり、切り抜きやその他の単純な操作だけで良い場合には、Pintaを使うことができます。

Pintaはアプリセンターからインストールすることができます。

図7.7●Pintaのインストール

Pintaをインストールすると、アイコンが表示されます。

図7.8●Pintaのアイコン

PintaのアイコンをクリックするとPintaを起動することができます。

7.2　画像の作成と編集　111

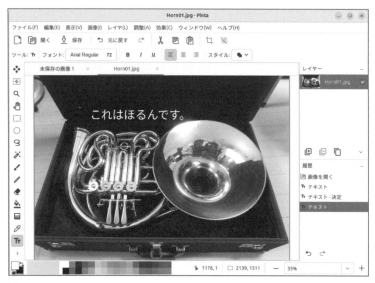

図 7.9 ● Pinta

　起動したら、[ファイル] → [開く] で既存のイメージを開いたり、新規画像を描くことなどができます。また、[ファイル] → [新規スクリーンショット] でスクリーンショットを撮って編集することもできます。レイヤーを追加して、文字列や図形などを描いて重ねることもできますが GIMP ほど柔軟な編集はできません。

FreeCAD

　FreeCAD はオープンソースの 3D CAD ソフトです。

　比較的単純なオブジェクトを組み合わせて、複雑なものを立体的に描くことができます。描いた 3D オブジェクトは回転させてさまざまな視点から見ることができます。

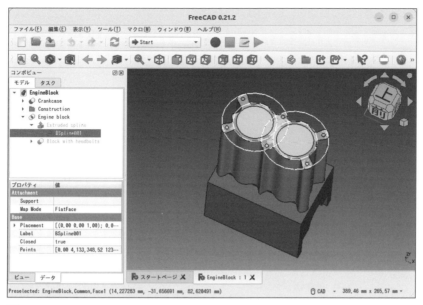

図 7.10 ● FreeCAD

　FreeCADをインストールするには、アプリセンターからFreeCADを検索して、[インストール]をクリックしてインストールします。

図 7.11 ● FreeCAD のインストール

7.2　画像の作成と編集

7.3 PDF の閲覧

PDF の閲覧にはドキュメントビューアーを使うことができます。

ドキュメントビューアー

「ユーティリティ」にある「ドキュメントビューアー」のアイコンをクリックすると、「ドキュメントビューアー」アプリが開きます。

図 7.12●「ドキュメントビューアー」のアイコン

ドキュメントビューアーから PDF ファイルを開いて内容を表示することができます。

また、「ファイル」アプリで、PDF ドキュメントのアイコンが表示されているファイルをダブルクリックするか、マウスの右ボタンでクリックして「ドキュメントビューアーで開く」を選択すると、その PDF ファイルを開くことができます。

図 7.13●PDF ドキュメントのアイコン

PDF ファイルであれば内容は何でもかまいません。たとえば、楽譜の PDF ファイルをドキュメントビューアーで開くことができます。

図 7.14 ● 楽譜の PDF ファイルを開いた例

7.4　PDF の作成

　PDF は多くのアプリがサポートしています。また LaTeX（TeX）で印刷の版下にも適した PDF を生成することもできます。

アプリからのエクスポート

　これまでに紹介してきた LibreOffice や GIMP を含むさまざまなアプリで、編集した内容を PDF としてエクスポートすることができます。

　ほとんどの場合、アプリのメニューの［ファイル］→［エクスポート］を選択することで、アプリで編集した内容を PDF として保存することができます。

LaTeX

　数式や化学式などを含む複雑な表現ができるシステムとして TeX というものがあります。これは、専用の組版用言語で作成したドキュメントを処理して PDF などに変換するシステムです。現在では、TeX をより容易に活用できるようにした LaTeX がよく使われます。

　LaTeX を使うためには、端末から TeX Live（texlive-full）を次のコマンドでインストールします。

```
$ sudo apt install texlive-full
```

　texlive-full はフォントも含まれているのでディスク使用量が 7.5 GB と大きく、インストールにも時間がかかります。

　さらに、TeX でドキュメントを作成するためのシンプルな統合環境である TeXworks もインストールしておくと便利です。

```
$ sudo apt install texworks
```

　インストールしたら、LaTeX のドキュメントを作成します。
　LaTeX の典型的なドキュメントの例を次に示します。

```
\documentclass{jlreq}
\begin{document}

これはサンプルです。

\end{document}
```

　上の例は、単に「これはサンプルです。」という内容のドキュメントを生成します。

> LaTeX のコマンドは必ず \（フォントによっては ¥ と表示されます）で始まり、そのあとにコマンドを示す文字列が続きます。

　次の例はさらに情報を追加した例です。

```
\documentclass{article}
\title{Sample LaTeX}
\author{Shunji Hyuga}
```

116　第 7 章　画像と PDF

```
\date{Nov. 2024}
\begin{document}
  \maketitle
  Hello, \LaTeX !
\end{document}
```

このファイルの \documentclass はドキュメントクラスを表します。\title はドキュメントのタイトルを表します。\author はドキュメントの著者を表します。\date はドキュメントの日付を表します。

\begin{document} はドキュメントの始まりを表し、\end{document} はドキュメントの終わりを表します。\maketitle はそこにタイトルを表示します。

LaTeX のファイルから PDF を作成するには、最初に DVI ファイルを生成する必要があります。DVI ファイルを生成するには、次のコマンドを実行します。

```
$ platex sample.txt
```

LaTeX が生成した DVI ファイルから PDF を作成するには、さらに次のコマンドを実行します。

```
$ dvipdfmx sample.dvi
```

これで PDF ファイル sample.pdf が生成されます。

この 2 段階の操作は少々面倒なので、TeXworks を使うと、より便利です。

LaTeX ドキュメントを編集ウィンドウで入力、編集して、ウィンドウの左上のほうにある［▶］をクリックすると、PDF が生成されて結果が表示されます。

7.4 PDF の作成

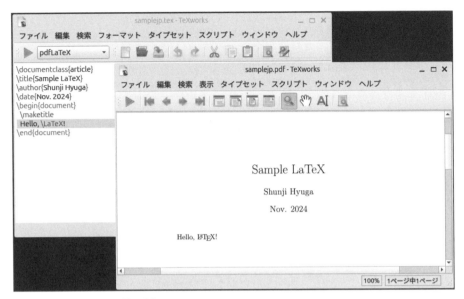

図 7.15 ● TeXworks の使用例

第 8 章
さまざまなコンテンツ

この章では、Web ページに表示されるコンテンツや、
Web ページに埋め込むこともできるオーディオやビデ
オについて説明します。

8.1 Web コンテンツ

　代表的な Web コンテンツは、Web ページ（いわゆるホームページ）として表示されるものです。

Web ページのコンテンツ

　Firefox や Chrome、Vivaldi のような Web ブラウザを使うことで、オーディオ、ビデオ、イメージ、JavaScript のようなスクリプトで表示されるものを表示することができます。

　これらのページに埋め込むコンテンツは、HTML ページにアプリで挿入したり、HTML のタグを使ってページに埋め込みます。

Web ページ制作

　Web ページ（いわゆるホームページ）は、HTML ドキュメントとして作成します。

　HTML ドキュメントは、「テキストエディター」アプリやその他のテキスト編集アプリで作成することができます。

　また、LibreOffice Writer のドキュメントなど、多くのドキュメント作成・編集アプリで、［ファイル］→［名前を付けて保存］で「HTML ドキュメント」を指定して保存するか、HTML ファイルとしてエクスポートすることで、HTML ドキュメントを生成することができます。

　他のアプリで作成したページを HTML として保存したり、HTML を編集するためのアプリを利用したりする場合でも、HTML ドキュメントの基本的な構造や書き方を知っておくことは重要です。

　次の例は単純な HTML ドキュメントの例です。

```
<!DOCTYPE html>
<html>
<body>
  <h2>Linux Ubuntu</h2>
  <p>Linux Ubuntuで驚異の高速PCを実現！</p>
</body>
</html>
```

　これを編集してファイルに保存し、Firefox で表示した状態を次の図に示します。

図 8.1 ● サンプル HTML の編集と表示

上掲の HTML ドキュメントの意味は次のとおりです。

- `<!DOCTYPE html>`（1 行目）は、ドキュメントの種類（タイプ）が HTML ドキュメントであることを表しています。2 行目以降の `<html>` や `<body>` などはタグと呼びます。`<html>` に対する `</html>` のように `<xxx>` から `</xxx>` までがひとつの要素であり、その間にあるものがそのタグの内容です。
- `<html>`（2 行目）から `</html>`（7 行目）までは、このタグの内容が HTML であることを表しています。
- `<body>`（3 行目）から `</body>`（6 行目）までは、このタグの内容が HTML のボディー（本体）であることを表しています。この内側に、ページに表示するコンテンツや演奏するサウンドのようなコンテンツを埋め込むタグを記述します。
- `<h2>Linux Ubuntu</h2>`（4 行目）はレベル 2 の見出し（heading）であることを表します。この例の場合の見出しの内容は「Linux Ubuntu」です。
- `<p>Linux Ubuntu で驚異の高速 PC を実現！</p>`（5 行目）は段落（paragraph）であることを表します。この段落の内容は「Linux Ubuntu で驚異の高速 PC を実現！」です。

さらに、HTML ページにはタグを使ってさまざまなコンテンツを埋め込むことができます。たとえば、第 7 章「画像と PDF」で紹介したアプリなどで作成、編集したイメージ（画像）を Web ページのコンテンツとして表示するには、`<img>` タグを使います。

```
<p><img style="width:300px" src="sample.jpg" /></p>
```

PDFのダウンロード（表示）も、次のようにして行うことができます。

```
<p><a href="./sample.pdf">サンプルのPDFをダウンロード</a></p>
```

8.2 AV

この章では、AV（オーディオビデオ）について取り上げます。

AV環境の確認と設定

最初に、FirefoxのようなWebブラウザでYoutubeのようなサウンドとビデオを使っているページのコンテンツを閲覧して、PCの状態を確認してみましょう。サウンドが再生されない場合、スピーカーやヘッドホンの接続や設定をチェックしてください。

サウンドの設定は［設定］→［サウンド］で変更することができます。

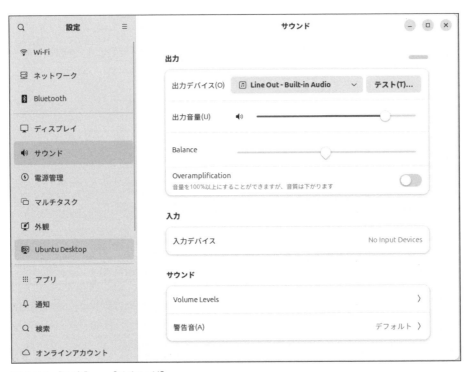

図8.2● ［設定］→［サウンド］

何かを鳴らしても音が鳴らないときには、特にボリュームの設定を確認することが重要です。ボリュームの設定は、デスクトップ右上のスピーカーマークをクリックして表示されるウィンドウでも変更できます。

図 8.3●ボリュームの設定

MPEG4（.mp4）のような圧縮されたファイルを再生できない場合や下記のようなメッセージが表示される場合、コーデック（エンコードやデコード、あるいは圧縮や解凍するソフトウェア）がインストールされていない可能性があります。

図 8.4●コーデックのエラー

このような理由でファイルが再生できないときには、「ファイル」アプリに次の図に示すようにファイルのアイコンが表示されることがあります。

図 8.5●再生できないファイルの表示例

この問題はコーデックをインストールすることで解決します。コーデックをインストールするには、次のコマンドを実行します。

```
$ sudo apt-get install ubuntu-restricted-extras
```

インストール中にライセンス同意画面が表示されたら、キーボードの［Tab］を押して＜了解＞を選択して［Enter］を押し、続いて＜はい＞を選択して［Enter］を押します。

オーディオ

ほとんどの種類の一般的に使われるオーディオファイルは、「ファイル」アプリでファイルをクリックするか、あるいはファイルをマウスの右ボタンでクリックして「ビデオで開く」を選択すると、「ビデオ」アプリで再生されます。

「ビデオ」アプリでサポートされない形式は、あとで「オーディオとビデオの変換」で説明するFFmpegでファイル形式を変換することによって再生できる場合があります。

オーディオをWebページのコンテンツとして埋め込むときには、<audio>タグを使います。次の例は単純なHTMLドキュメントにMP3ミュージックを埋め込むコードの例です。

```
<!DOCTYPE html>
<html>
<body>
  <h2>Linux Ubuntu</h2>
  <p>Linux Ubuntuで驚異の高速PCを実現！</p>
  <audio controls loop src="sample.mp3" type="audio/mp3">
    オーディオを再生できません。
  </audio>
</body>
</html>
```

図8.6●オーディオを再生できるページの状態

ビデオ

　コーデックをインストールしておけば、一般的によく使われるビデオファイルは、「ファイル」アプリでファイルをクリックするか、あるいはファイルをマウスの右ボタンでクリックして「ビデオで開く」を選択すると、「ビデオ」アプリで再生されます。

　ビデオをWebページのコンテンツとして埋め込むときには、<video>タグを使います。次の例は単純なHTMLドキュメントにmp4ビデオを埋め込むコードの例です。

```
<!DOCTYPE html>
<html>
<body>
  <h2>Linux Ubuntu</h2>
  <p>Linux Ubuntuで驚異の高速PCを実現！</p>
  <video controls src="sample.mp4">
    ビデオを再生できません。
  </video>
</body>
</html>
```

VLC

VLCはさまざまな種類のメディアに対応したメディアプレイヤーです。

図 8.7 ● VLC

VLCをインストールするには、「アプリセンター」（Ubuntu 22.04 では Ubuntu Software）からインストールすることができます。

図 8.8 ● VLC のインストール

インストールしたら、[設定]→[VLCメディアプレイヤー]でVLCメディアプレイヤーがしてよいことを設定することができます。

図8.9●VLCのパーミッション

CDやDVDを視聴したいときには、ドライブにディスクを入れて、VLCメディアプレイヤーのメニューから[メディア]→[ディスクを開く]を選択して、「メディアを開く」ダイアログボックスで「ディスクデバイス」に「/dev/cdrom」を選択してから[再生]ボタンをクリックします。

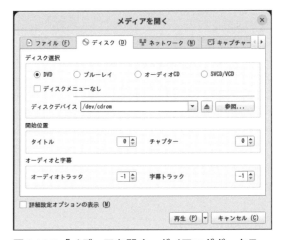

図8.10●「メディアを開く」ダイアログボックス

> 本書執筆時点では、VLC メディアプレイヤーは Ubuntu 24.04 では「Segmentation fault」という開発者にしか対処できない問題が発生することがあります。Ubuntu 22.04 では使用可能です。

オーディオの編集

オーディオ（音楽や音声）は「Audacity」で編集することができます。たとえば、オーディオの一部を削除したり、テンポを変えたり、複数のオーディオをひとつのオーディオとして再生するといったことができます。

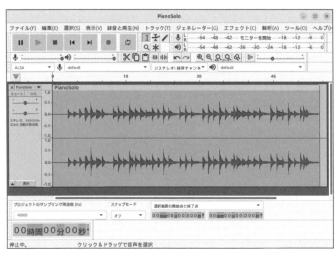

図 8.11 ● Audacity

Audacity はアプリセンターからインストールすることができます。

インストール後に起動すると、次のようなダイアログボックスが表示されるでしょう。

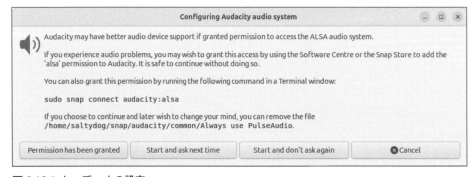

図 8.12 ● オーディオの設定

ダイアログボックスに書かれているように、「端末」を開いて、次のコマンドを実行します。

```
$ sudo snap connect audacity:alsa
```

そして、[Start and don't ask again]をクリックするとAudacityが起動します。

Audacityが起動したら、[ファイル]→[開く]でオーディオファイル（たとえばMP3ファイル）を開いて、ファイルの内容を操作することができます。編集した結果を[ファイル]→[書き出し]→[MP3として書き出し]を選択して表示されたダイアログボックスでファイル名を指定して保存すると、編集したオーディオがMP3ファイルとして保存されます。

ビデオの編集

ビデオ（動画）は「OpenShotVideo Editor」で編集することができます。たとえば、複数のビデオをひとつのビデオとして再生できるようにしたり、タイトルをビデオに追加したりすることができます。

図8.13●OpenShotVideo Editor

編集した動画は、[プロジェクトをエクスポート]→[動画を書き出し]でファイルに出力することができます。

「OpenShotVideo Editor」はアプリセンターからインストールすることができます。

他にも、アプリセンターにはビデオエディターとしてFlowblade、Kdenlive、Pitivi、ShotCutなどさまざまなものがあり、アプリセンターからインストールして使用することができます。自身の好みと目的に対して適切なものを選んで使うとよいでしょう。

MuseScore

MuseScoreはノーテーションソフトという種類の音楽作成・編集ソフトです。

MuseScoreはアプリセンターからインストールすることができます。

図8.14●MuseScoreのインストール

インストールすると、MuseScoreのアイコンが表示されます。

図8.15●MuseScoreのアイコン

MuseScoreを起動すると、「スタートアップウィザード」という名前の一連の初期設定ダイアログボックスが表示されるので、適切な項目を選択します（言語やキーボードの選択ですので、難しいことは何もありません）。

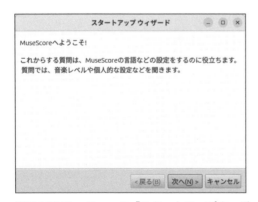

図8.16●MuseScoreの「スタートアップウィザード」

MuseScoreのメニューの［編集］→［環境設定］を選択して、「I/O」タブで音を鳴らすための設定を行います。筆者の環境では、ALSAオーディオを選択すると音が鳴るようになりました。

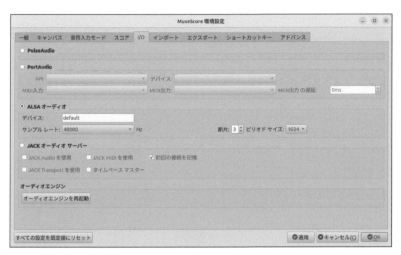

図8.17●MuseScoreのサウンドの設定

　設定が終わったら、［追加］→［音符］→［音符入力モード］をクリックして、音符をマウスで入力します（MIDIキーボードでも入力できます）。

図8.18●MuseScore

再生ボタン（▶）をクリックすると入力した曲を演奏できます。

MuseScore で作成したデータは、［ファイル］→［エクスポート］を選択してさまざまな形式のファイルに保存することができます。たとえば、MP3 のオーディオファイルを出力してメディアプレイヤーで再生したり、MIDI ファイルを出力してシンセサイザーに演奏させたり、譜面を PDF ファイルに出力して皆で演奏したりできます。

エクスポートしたファイルを HTML に記述してホームページで公開すれば、自分で作った曲を世界中の人々に聴いてもらったり、演奏してもらうこともできるでしょう。

オーディオとビデオの変換

オーディオやビデオのファイルを他の形式に変換したいときには、FFmpeg を使ってファイル形式を変換することができます。

最初に FFmpeg をインストールします。

FFmpeg はアプリセンターからインストールすることができます。

また、次のコマンドで端末からインストールすることもできます。

```
$ sudo apt install ffmpeg
```

ファイルを変換するときには、変換する元のファイル（入力ファイル）はオプション「-i」に続けて指定し、変換する先のファイルの形式はファイル名の拡張子で決まります。

次の最初の例は、sample.mp3 を変換して sample.wav を生成するコマンドラインの例です。2番目の例は、ビデオファイル sample.mp4 をオーディオファイル sample.mp3 に変換するコマンドラインの例です。

```
$ ffmpeg -i sample.mp3 sample.wav
$ ffmpeg -i sample.mp4 sample.mp3
```

第 9 章
ゲーム

Ubuntu のアプリセンターにはゲームが用意されています。

9.1 アプリセンターのゲーム

Ubuntu のアプリセンターにはゲームが用意されています。

アプリセンター

アプリセンター（Ubuntu 22.04 の場合は Ubuntu Software）には「ゲーム」というカテゴリがあり、さまざまなゲームをインストールすることができます。

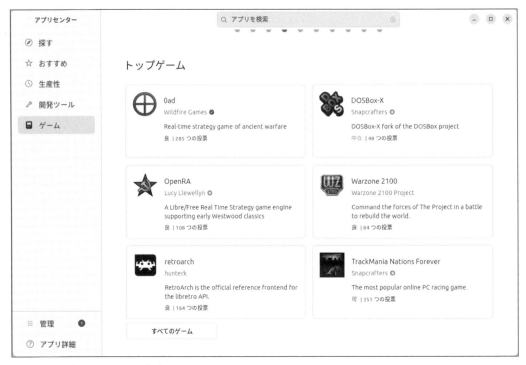

図 9.1 ●アプリセンターの「ゲーム」

> ゲームの種類によってはデータファイルが大きいために、ストレージ（SSD や HDD）を GB 単位で消費するものがあります。

ソリティア

ここでは、アプリセンターからインストールしてプレイできる、ソリティアというゲームをインストールしてプレイする手順を示します。

アプリセンターで「ソリティア」や「Solitaire」などで検索すると、「Debian パッケージ」というパッケージの種類の中の「AisleRiot Solitaire」が見つかります。

図9.2●アプリセンターのソリティアのインストール

［インストール］をクリックするとインストールされます。
インストールが完了すると、ソリティアのアイコンが表示されます。

図9.3●ソリティアのアイコン

ソリティアのアイコンをクリックすると「クロンダイク」として表示され、プレイできるようになります。

9.1　アプリセンターのゲーム　135

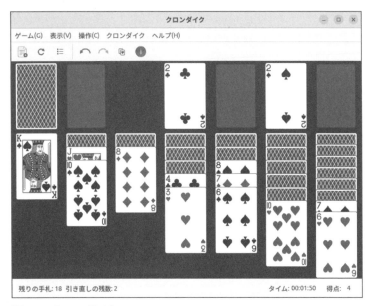

図 9.4 ● クロンダイク

Xonotic

次に、アプリセンターからインストールしてプレイできるゲームとして、3D シューティングゲームである Xonotic を紹介します。

Xonotic をインストールするには、アプリセンターで Xonotic を検索します。

図 9.5 ● アプリセンターの Xonotic のインストール

そして、［インストール］をクリックするとインストールすることができます。
Xonoticを起動したら、ニックネームを入力して言語として「日本語」を選択します。

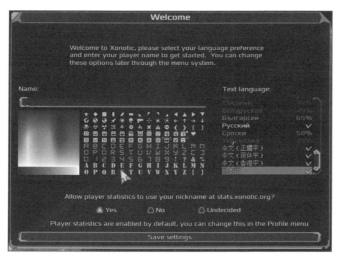

図9.6●Xonoticの「Welcome」画面

図9.7●Xonoticのプレイ画面の例

FlightGear

　アプリセンターからインストールしてプレイできるもうひとつのゲームとして、フライトシミュレーターゲームであるFlightGearを紹介します。
　FlightGearをインストールするには、アプリセンターでFlightGearを検索します。

図9.8●アプリセンターのFlightGearのインストール

　検索したら、［インストール］をクリックするとインストールすることができます。
　FlightGearのアイコンをクリックして起動したら、「Setup required Files」が表示されます。

図 9.9 ● 「Setup required Files」

　[Download]をクリックして、インストールした FlightGear と同じバージョンの圧縮データ（図と同じ場合は FlightGear-2020.3.8-data.txz）をダウンロードします。

　圧縮データをダウンロードしたら、適切なディレクトリを作成して、「ダウンロード」ディレクトリから作成したディレクトリに圧縮ファイル（.txz）を移動します。そして、「ファイル」アプリで圧縮ファイル名をマウスの右ボタンでクリックして「展開」を選択します（展開にも時間がかかります）。

　展開が終了したら、展開したディスクの中の fgdata ディレクトリを選択すると FlightGear が起動します。

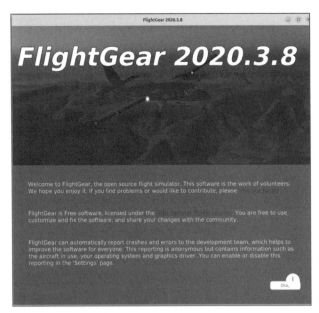

図 9.10 ● FlightGear（起動時のスプラッシュ画面）

　画面右下の［Okey］をクリックすると、シーンのロードなどゲームの準備が行われます（多少時間がかかります）。次の画面が表示されたら左側のアイコンで飛行機や場所などを選択します。

図 9.11 ● FlightGear（スタート画面）

第 9 章　ゲーム

画面左下の［Fly］をクリックすると、初期化が行われてゲームをプレイできます（初期化にも時間がかかります）。

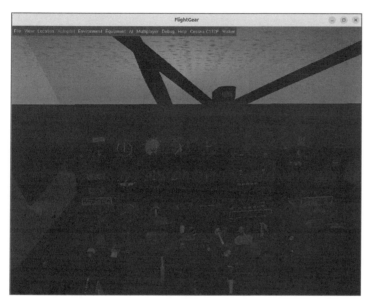

図 9.12●FlightGear（ゲーム中の画面）

> 画面が暗い場合は、たとえば［Environment］→［Time Settings］で［Noon］を選択すると明るくなります。

アプリセンターのその他のゲーム

さらに、アプリセンターからインストールできるものとして次のようなゲームがあります。

- **0 A.D（0ad）**：古代戦略ゲーム
- **Battle-rush-tanks**：ストラテジーゲーム
- **Freeciv21**：シビライゼーションのようなターン制ストラテジー
- **Frozen Bubble**：パズルゲーム
- **SuperTuxKart**：マリオカートのようなレースゲーム
- **Warzone 2100**：リアルタイムストラテジーゲーム

これらのゲームは比較的簡単にインストールできます。

さまざまなゲーム

ここでは、アプリセンターではインストールできないその他のゲームを紹介します。たとえば、次のようなゲームをプレイできる可能性があります。

- Fortnite
- Apex Legends
- League of Legends
- Counter-Strike: Global Offensive
- Dota 2
- Hearthstone
- World of Tanks
- World of Warships
- Warframe

個々のゲームのインストール方法などはゲームによって異なります。「（ゲーム名）ubuntu」などの検索ワードで Web サイトの情報を検索して参照してください。

> ゲームによっては大量のリソースを消費したり、CPU や CPU の処理速度に依存するものがあり、性能の低い PC では実用的にプレイできないものもあります。

9.2 ゲーミング PC

ここでは PC をゲーミング PC 化するためのヒントを示します。

ゲーミング PC の性能

グラフィックや計算能力を重視するゲームをプレイすることを主目的とした PC を、ゲーミング PC と呼ぶことがあります。ゲーミング PC の性能を決める要素として、次のようなものがあります。

- **CPU の性能**：CPU のコア数、クロック周波数、スレッド数、設計の新しさ（世代）に影響を受けます。
- **GPU の性能**：グラフィック処理や GPU での演算で GPU の性能を求められることがあります。高性能な GPU はメモリーも多く搭載していて、発熱量と消費電力が大きいので注

第 9 章　ゲーム

意が必要です。

● **メモリーの容量と速さ**：メモリーは多ければ良いというだけでなく、アクセススピードも求められます。

● **ネットワークの回線速度**：ネットワークを使うゲームでは、ネット回線の速度が決定的な要素になる場合があります。

● **放熱性**：CPU や GPU は使用率が上がるにつれて発熱量が大きくなり、規定の温度を超えると処理速度が落ちたり、システムダウンすることがあります。PC の性能を最大限発揮するために、システムの放熱性能の高さを軽視してはいけません。

● **OS**：ゲームを実行するのに必要でないプログラムが動作している OS では、ゲームの速度が遅くなります。ゲーム専用機があまり高価でないハードウェアであっても高速なのは、OS またはそれに代わるベースとなるシステムがゲームの実行だけに特化しているからです。

● **ストレージの性能と空き容量**：ストレージ（HDD や SSD）は、ゲームに使われるグラフィックスデータの保存だけでなく、仮想メモリーとして使われることがあるため、十分な空きと速いアクセススピードが求められます。

> Linux や Windows のような現代のほとんどのシステムは、物理的なメモリーが不足すると、ストレージ（HDD や SSD）にデータを保存してメモリー領域を空ける仮想メモリーの技術を使っています。そのため、ストレージのアクセスの速さや空き容量がプログラムの実行速度に影響を与えることがあります。

Linux と Windows

Windows は、ユーザーが関与しなくても多数のアプリやサービス（背後で動作するプログラム）がインストールされて自動的に起動され実行されるシステムです。たとえば、特に明示的に停止しなければ、セキュリティや OneDrive のためのプログラムが動作します。［Ctrl］+［Alt］+［Delete］を押してタスクマネージャーを起動し、「プロセス」を見ると、非常に多くのプロセスが実行されているのがわかります。そのため、必ずしも必要ないプログラムや実際には使っていない機能にリソース（CPU やメモリーなど）が消費されています。

一方、Linux Ubuntu Desktop では、暗黙のうちにインストールされて自動的に起動されるプログラムがとても少なく、必要に応じてユーザーがデーモン（Windows におけるサービス）を起動するようになっているので、同じハードウェア構成のマシンであっても Linux のほうが快適に利用できる傾向があります。

このことは特に速度に影響されるゲームやメモリーを消費するゲームなどにおいて重要です。

9.2　ゲーミング PC

ビデオドライバー

　デフォルトで Linux Ubuntu をインストールすると、ソースコードが公開されているビデオ用のデバイスドライバーがインストールされます。これはビデオカードのメーカーが提供しているビデオドライバーに比べると性能の点で不利です。

　メーカーのビデオドライバーをインストールすると、パフォーマンスが劇的に改善することを期待できます。

> メーカーが提供しているコードが公開されていないドライバーをプロプライエタリなドライバーと呼びます。

　メーカーのビデオドライバーは、「ソフトウェアとアップデート」-「追加のドライバー」で追加します。

図 9.13 ●「ソフトウェアとアップデート」-「追加のドライバー」

　ドライバーを追加したら、システムを再起動する必要があります。

> プロプライエタリなドライバーを追加したりアップデートすると不具合が発生することがあります。最悪の場合には Linux Ubuntu を起動できなくなり、再インストールしなければならない場合もあります。ドライバーの追加を常に推奨するわけではありません。

第 10 章
プログラミング

この章では、Python と C 言語および C++ について紹介します。

10.1　Python

Python はさまざまな用途に幅広く使われているプログラミング言語です。

Python について

Python（パイソン）は、開発だけでなく教育にもよく使われている、インタープリタ型（逐次実行される方式）のプログラミング言語のひとつです。本格的なプログラミングを学ぶ最初の言語としても適切です。

Python にはさまざまなライブラリが用意されているので、かなり高度なことや複雑なことを容易に実現できることがよくあります。

Linux Ubuntu では、「拡張選択」でインストールを行うだけで、Python が自動的にインストールされます。

インタラクティブシェル

基本的には、Python は端末で実行します。Python の実行環境であるインタープリタを起動するには、端末で「python3」と入力します。

```
$ python3
```

Python が起動すると、Python のメッセージと一次プロンプトと呼ばれる「>>>」が表示されます。これが Python のインタープリタ（インタラクティブシェル）のプロンプトです。

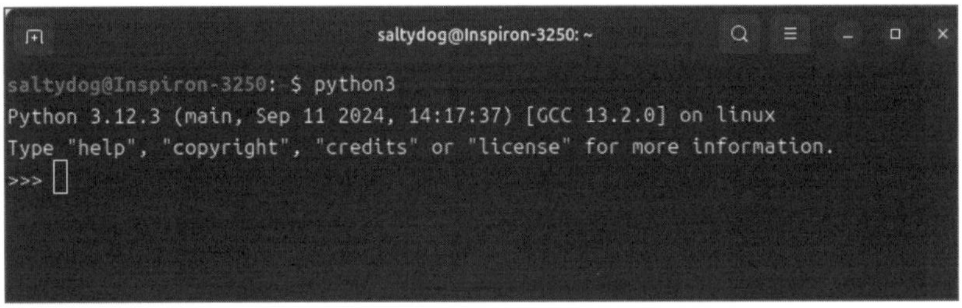

図 10.1●Python の起動

これは Ubuntu 24.04 で Python 3.12.3 の場合の例です。バージョン番号やそのあとの情報（Python をコンパイルしたコンパイラやプラットフォームの名前など）は、この例と違っていてもかまいません。

いずれにしても、「Type "help", ... or "license" for more information.」を含む Python

146　第 10 章　プログラミング

のメッセージと Python のインタープリタ（インタラクティブシェル）のプロンプト「>>>」が表示されれば、Python のインタープリタが起動したことがわかります。

このプロンプト「>>>」が表示されている環境で、プログラムを入力して実行することができます。Python のインタープリタは、入力された Python の命令や式などを読み込んで、その結果を必要に応じて出力します。

> インタープリタは「解釈して実行するもの」という意味、インタラクティブシェルは「対話型でユーザーからの操作を受け付けて結果や情報を表示するもの」という意味があります。

なお、Python を使っているときには、OS のプロンプトである「$」や「#」などと、Python のインタープリタに表示されるプロンプト「>>>」を使います。この 2 種類のプロンプトは役割が異なるので区別してください。

単純な計算の実行

最初に Python で計算をしてみましょう。

Python のプロンプト「>>>」に対して、2+3 ［Enter］と入力してみます。

```
>>> 2+3
5
>>>
```

上に示したように、2 + 3 の結果である 5 が表示されたあとで、新しいプロンプト（>>>）が表示されるはずです。

引き算や掛け算、割り算を行うこともできます。引き算の記号は -（マイナス）ですが、掛け算の記号は数学と違って *（アスタリスク）、割り算の記号は /（スラッシュです）。

たとえば、12 − 5 を実行すると次のようになります。

```
>>> 12-5
7
```

また、たとえば、6 × 7 を実行すると次のようになります。

```
>>> 6*7
42
```

さらに、たとえば、8 を 2 で割ると次のようになります。

```
>>> 8/2
4.0
```

もっと複雑な式も、もちろん計算できます。次の例は、123.45 × (2 + 7.5) – 12.5 ÷ 3 の計算例です。

```
>>> 123.45*(2+7.5)-12.5/3
1168.6083333333333
```

Python を終了するときには、プロンプトに対して quit() を入力します。

```
>>> quit()
```

quit() を入力しても終了できないときには、[Ctrl] + [D] を実行してみてください。

次に、もう少しプログラムらしいことをやってみましょう。

C 言語の最初の解説書である「プログラミング言語 C」以来、プログラミングの最初のステップは伝統的に「Hello world!」と表示するコードを示すことになっています。

ここでは Python で「Hello, Python!」と出力する次のようなプログラムを実行してみましょう。プログラムの意味はあとで考えることにします。

```
>>> print ('Hello, Python!')
Hello, Python!
>>>
```

入力したプログラムコードは「print ('Hello, Python!')」です。次の行の「Hello, Python!」は、プログラムコードを実行した結果です。

「print ('Hello, Python!')」の「print」は、そのあとのかっこ ( ) の中の内容を出力する命令です。

出力する内容は「Hello, Python!」なのですが、これを文字列であると Python のインタープリタに知らせるために、' (シングルクォーテーション) で囲みます。' の代わりに文字列を " (ダブルクォーテーション) で囲ってもかまいません。

```
>>> print ("Hello, Python!")
Hello, Python!
>>>
```

第 10 章　プログラミング

同じようにして、計算式を出力することもできます。

```
>>> print (2*3+4*5)
26
>>>
```

今度は文字列ではなく式を計算した結果である数値を出力したので、かっこ ( ) の中を ' や " で囲っていないことに注意してください。

なお、print () を使わないで、単に文字列を入力しても、入力した文字列が出力されます。

```
>>> 'Hello, Python!'
'Hello, Python!'
>>> "Hello, Python!"
'Hello, Python!'
```

これは、print () を省略したひとつの命令と考えることもできますが、Python では入力された値（式を表す文や通常の文字列もひとつの値です）がそのまま出力されると考えることもできます。

> print () を使う場合と使わない場合で出力結果はまったく同じではありません。
> 「print ("Hello, Python!")」を実行すると「Hello, Python!」とクオーテーションで囲まれずに文字列だけが出力されますが、>>> に対して「'Hello, Python!'[Enter]」を入力すると、「'Hello, Python!'」のようにクオーテーションで囲まれた文字列が出力されます。このクオーテーションは、値が文字列であることを表しています。

スクリプトファイル

Python のプログラムをファイルに保存することもできます。「print ("Hello, Python!")」という 1 行だけのプログラムのファイル（スクリプトファイル）を作成して保存してみましょう。

> スクリプトファイルを準備するために、Python インタープリタをいったん終了して OS のコマンドプロンプトに戻ります。Python インタープリタをいったん終了するには、「quit()」を入力します。

Ubuntu の「テキストエディター」で、「print ("Hello, Python!")」と 1 行入力します。

10.1 Python

図 10.2 ● 「テキストエディター」で編集した例

　そして、これを hello.py というファイル名で保存します。こうしてできたファイルが Python のプログラムファイルであり、スクリプトファイルともいいます。

　ファイルを保存する場所には注意を払う必要があります。

　あとで .py ファイルを容易に（パスを指定しないで）実行できるようにするには、適切なディレクトリを用意してからそこに保存するとよいでしょう。たとえば、ユーザーのホームディレクトリの中に pysample というディレクトリを作ってそこに保存します。

　作成したスクリプト（Python のプログラムファイル）を実行してみましょう。

　端末で「cd pysample」を実行してカレントディレクトリを pysample に変更すれば、パスを指定しないでスクリプトファイルを実行することができます。ここでは、パスを指定しないでスクリプトを実行すると仮定して、「python3 hello.py」と入力してください。

　プログラムが実行されて、次のように結果の文字列「Hello, Python!」が表示されるはずです。

```
$ python3 hello.py
Hello, Python!
```

　もしパスを指定して実行するなら、次のようにします。

```
$ python3 pysample\hello.py
Hello, Python!
```

　次に、ごく単純な入力の方法を説明します。あなたの名前を入力して、「Hello,（名前）」と表示するプログラムを作ってみましょう。テキスト行を入力するには input() を使います。

　プログラムは次の 2 行になります。

```
x = input(' Name? ')
print('Hello, ', x)
```

　x には入力された名前が保存されます（x のような値を保存するものを変数といいます）。

実際に実行するときには、再び Python のインタープリタ（インタラクティブシェル）を起動して、次のようにします。

```
>>> x = input (' Name? ')
 Name? Taro
>>> print ('Hello,',x)
Hello, Taro
```

このとき、Python のインタープリタの中で x には名前(この場合は Taro)が保存されています。ですから、単に x ［Enter］とすると、x の内容が表示されます。

```
>>> x
'Taro'
```

> 変数 x の内容が文字列であることを表すためにクオーテーション（'）で囲まれていることに注目してください。

この短いプログラムをあとで何度でも使えるようにスクリプトファイルにするには、次のような内容のファイルとして作っておくとよいでしょう。

```
# helloU.py
x = input('Name? ')
print('Hello, ', x)
```

で始まる行はコメント（注釈）で、ここではファイル名を表しています。
端末でこのスクリプトファイルを実行するときには次のようにします。

```
$ python3 helloU.py
Name? Taro
Hello,  Taro
```

Python のライブラリ

Python にはさまざまな用途のための豊富なライブラリが用意されています。

たとえば、numpy というモジュールを使うと、単純な電卓では計算が面倒なさまざまな統計値を次のようなプログラムで容易に計算することができます。

10.1 Python　　151

```
import numpy as np
# データ
hdata = np.array([161, 158, 157, 161, 167, 158, 162, 160, 159, 161, 160])

print("最大値=", np.max(hdata))
print("最小値=", np.min(hdata))
print("中央値=", np.median(hdata))
print("平均値=", np.mean(hdata))
print("分散=", np.var(hdata))
print("標準偏差=", np.std(hdata))
```

上の例で、「import numpy as np」はnumpyモジュールをインポートして（取り込んで）、npという名前で使えるようにします。「# データ」のように#で始まるものはコメントでプログラムの実行に影響を与えません。

> 上記のプログラムを実行するときには、「sudo apt install python3-numpy」でnumpyモジュールをインストールする必要があります。

10.2　C言語

ここではLinux UbuntuでC言語でプログラムを作成してコンパイルし、実行する方法を説明します。

C言語について

プログラミング言語Cは、さまざまな目的に使われている最も重要なプログラミング言語のひとつです。また、C言語は、現在、いろいろな分野で広く使われている多様なプログラミング言語の中では、歴史が比較的長く、標準化が進んでいるため、さまざまなシステムでコンパイルして実行できるプログラミング言語でもあります。

C言語の特徴は次のとおりです。

- C言語はプログラミング言語として標準化されており、そのライブラリもまた標準化されています。システムコールやウィンドウシステムのようなプラットフォーム固有の機能に依存する部分を除いて、プログラムの移植が比較的容易です。

第10章　プログラミング

- C 言語は言語仕様が比較的単純でありながら、機能を実現するさまざまなライブラリを活用することで複雑高度なことも実現できます。
- C 言語はシステムのリソース（メモリーや CPU など）を直接利用する、OS やデバイスドライバーのような低レベルのプログラムの記述にも適しています。組み込み機器のソフトウェアのプログラミングにも良く使われます。
- C 言語はコンパクトで高速なプログラムを記述したり生成したりすることができです。
- C 言語で記述したモジュールは、他のプログラム言語とのリンクの標準的な方法として使われることが多く、さまざまなプログラム言語のプログラムとのリンクが比較的容易です。C++ のプログラムも C 言語のインターフェイスを介して他の言語のモジュールとアクセスすることができます。

C 言語のインストール

最初に、C 言語のコンパイラやライブラリなどをインストールする必要があります。
次のコマンドを端末で実行することで C 言語をインストールすることができます。

```
$ sudo apt install gcc
```

これで C 言語のコンパイラ gcc と、ヘッダーファイルやライブラリなど C 言語のプログラムのコンパイルと実行に必要なものがインストールされます。

C 言語の Hello プログラム

ここでは、「Hello, C」という文字列を表示して終了する小さなプログラムを作成します。
この最も基本的な C 言語のプログラムのリストを次に示します。

```
/* csample.c */
#include <stdio.h>
void main()
{
  printf("Hello, C\n");
}
```

このプログラムを正しくコンパイルして実行できれば、C 言語のプログラミングの基本的な環境が整っていることを確認できます。

> 「"Hello, C\n"」の \ は、環境によっては ¥ で表示されます。

10.2 C 言語

プログラムの編集

テキストエディターを起動して上記のプログラムを入力します。

プログラムを入力したら、hello.c という名前を付けてファイルに保存します。

このとき、このプログラム専用のディレクトリを作成するとよいでしょう。この場合、hello という名前のプログラムなので、mkdir コマンドでサブディレクトリ hello を作成します。そして、cd コマンドでカレントディレクトリを hello にします。

```
$ mkdir hello
$ cd hello
```

そして、ファイル hello.c を、ディレクトリ hello に保存します。

コンパイル

コンパイラを直接使ってコンパイルするには、コマンド gcc を使ってコンパイルします。

一般的に基本的なコンパイル方法は、次のようにコンパイラの名前のあとにオプション -o と実行可能ファイル名を指定し、さらにソースファイル名を指定する方法です。

```
$ gcc -o hello hello.c
```

このコマンドラインの -o は多くの C/C++ コンパイラの出力ファイル名を指定するためのオプションです。

この例の場合、コンパイルが問題なく終了すると、指定したとおり hello という名前の実行可能ファイルが生成されます。

> オプション -o を付けずに、コンパイラの名前の後にソースファイル名を指定することもできます。
>
> ```
> gcc hello.c
> ```
> こうすると、実行可能ファイル名が自動的に a.out になります。

実行

エラーメッセージが表示されなければ、コンパイルが成功しているので、「./hello」と入力し、[Enter] を押して実行します。

```
$ ./hello
```

154　第 10 章　プログラミング

```
Hello, C
```

./ はカレントディレクトリのファイルであることを示します。

> 実行中のプログラム（実行中のプロセス）が無限ループに入るなどして制御できなく
> なった場合には、次のような方法でプログラムを終了することができます。
>
> ● ［Ctrl］＋［D］または［Ctrl］＋［C］をクリックする。
> ● 実行中のプロセス ID を ps コマンドで調べて kill コマンドで終了する。
> ● 「システムモニター」でプロセスのリストを表示して、終了したいプロセスを
> 　選択してから［プロセスを終了］をクリックして終了する。
>
> これらの方法は、C 言語のプログラムに限らず、すべてのプロセスについて共通です。

10.3　C++

ここでは、C++ でプログラムを作成して実行する方法を説明します。

プログラミング言語 C++ について

　C++ 言語は C 言語を拡張して作成されたオブジェクト指向プログラミング言語です。言い換
えると、C++ は C 言語から生まれました。そのため、C 言語と C++ のシンタックスの大半は同
じです。実際、C++ のプログラムの中では C 言語のコードをほとんどそのまま使うことができ
ます。そのため、C++ 固有のいくつかの点を除くと、C 言語と C++ はほとんど同じものと考え
ることもできます。しかし、それぞれの言語を適切に利用するためには、それぞれの言語の特
性をきちんと把握しておく必要があります。

　オブジェクト指向プログラミングではクラスというものを定義してオブジェクトというもの
作って利用します。クラスにはデータと操作や処理を行うためのコードが含まれます。

　C++ の特徴は次のとおりです。

● C++ は比較的複雑で大規模なプログラムの、オブジェクト指向プログラミングに適して
　います。
● C++ には機能を実現するさまざまなクラスライブラリが提供されていて、これを活用す
　ることで複雑高度なことも比較的容易に実現でき、また、文字列操作のような単純なこ
　とも C 言語より容易にできます。
● C++ のプログラムの中に C 言語の関数を記述したり、C 言語で記述したモジュールと容

易にリンクすることができます。
- C言語に比べるとC++言語のプログラムの方が実行可能コードのサイズが大きくなり、実行時のパフォーマンスも劣る傾向があります。しかし、一般にインタープリタ言語に比べるとかなり高速です。
- 普通、C++のコンパイラはC言語のプログラムもコンパイルできます。しかし、逆に、C++の固有の要素は、通常、C言語では直接利用できません。つまり、C++のプログラムの中にC言語のコードを挿入してC++のプログラムとしてコンパイルすることはできますが、C言語のソースプログラムの中にC++のコードを混ぜると、C言語としてコンパイルできません。

C言語とC++の関係を図で表すと次のようになります。

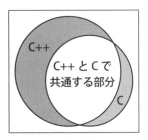

図10.3●C言語とC++の関係

このようなC++の性質は、オブジェクト指向プログラミング言語としては特別な性質といえます。つまり、非オブジェクト指向のC言語の関数を呼び出すことができたり、C++のソースの一部にC言語の形式でプログラムを記述することができるだけでなく、C++でオブジェクトをまったく使わない手続き型のC言語的なC++プログラミングさえ可能です。

<u>C言語とC++の主な違い</u>

C言語とC++の主な違いを、以下に示します。

- C++にはnewとdeleteやusingのようなC言語にはないキーワードがあります。コンパイラによってはC言語でもC++のキーワードが予約されている場合があります（C言語のプログラムの中でC++のキーワードを変数名などの識別子として使えない場合があります）。
- C++では、関数の引数にデフォルト値を指定できます。
- C++ではシグネチャ（引数の数や型、戻り値の型）が異なる複数の同じ名前の関数を宣言して使うこと（オーバーロード）ができます。C言語では同じ名前の関数を作ることはできません。

- C++ では、インライン関数や、仮想関数がサポートされています。
- C++ では、テンプレートがサポートされています。
- C++ では、例外が言語でサポートされています。C 言語ではコンパイラがサポートしている場合があります。
- C++ では typedef 宣言しないで構造体を型として宣言できます。C 言語では typedef を使って構造体にエイリアスを定義する必要があります。
- C++ では、ステートメントブロックの中でローカルなオブジェクト宣言を行うことができます。たとえば、for (int i=0;;) のように for ステートメントの中でもローカルな変数を宣言できます。
- ANSI C++ では、関数をネストできます。
- C++ では、すべての関数は正式にプロトタイプを宣言する必要があります。また、C++ では、型チェックは C 言語より厳しく行われます。

> 本来、C 言語ではサポートされていない C++ の機能でも、コンパイラによっては C++ の機能の一部が C 言語でサポートされていることがあります。しかし、初歩の段階では、C 言語ではサポートされていないとされている C++ の機能は、C 言語では使えないと考えておくほうが良いでしょう。

C++ のインストール

C++ のプログラムを作成して実行するためには、最初に C++ のコンパイラやライブラリをインストールする必要があります。

C++ は次のコマンドでインストールすることができます。

```
$ sudo apt install g++
```

これで C++ のコンパイラ g++ と、ヘッダーファイルやライブラリなど C++ のプログラムのコンパイルと実行に必要なものがインストールされます。

C++ の Hello プログラム

ここでは C++ の最も基本的なプログラムを作成して実行する方法を示します。ここで作成するのは、C++ の Hello プログラムです。これは、「Hello, C++」という文字列を表示して終了する小さなプログラムです。

10.3 C++

```
// hello.cpp
#include <iostream>
int main()
{
  std::cout << "Hello, C++" << std::endl;
  return 0;
}
```

　実行されるコードは、「std::cout << "Hello, C++" << std::endl;」です。これは、演算子 << を使って、「Hello, C++」と出力（表示）して改行する（「std::endl」が改行のためのシンボル）コードです。

　このプログラムを正しくコンパイルして実行できれば、C++ のプログラミングの基本的な環境が整っていることを確認できます。

プログラムの編集

　テキストエディターを起動して上記のプログラムを入力します。

　プログラムを入力したら、hello.cpp という名前を付けてファイルに保存します。一般的には、このプログラム専用のディレクトリを作成して、そこに保存するとよいでしょう。

コンパイル

　コマンドラインからのコンパイルの方法はコンパイルのコマンドが変わるだけで、本質的には C 言語の場合と同じです。

　コンパイラ g++ を使って、次のようにコンパイラの名前のあとにオプション -o と実行可能ファイル名を指定し、さらにソースファイル名を指定します。

```
$ g++ -o hellocpp hello.cpp
```

　この例の場合、コンパイルが問題なく終了すると、指定したとおり hellocpp という名前の実行可能ファイルが生成されます。

　エラーメッセージが表示されなければ、コンパイルが成功しているので実行します。

```
$ ./hellocpp
Hello, C++
```

　./ はカレントディレクトリのファイルであることを示します。

第 10 章　プログラミング

10.4 Java

Java はプラットフォームに関係なく実行できるプログラムを作成できるプログラミング言語です。

Java について

Java のプログラムは仮想マシンというソフトウェア上で動作し、プラットフォームに関係なく（Linux、Windows、Mac のいずれでも）ひとつの同じソースコードで実行できます。

Java は Python と同じインタープリタ言語ですが、現在では Python ほどは使われていません。

Java のインストール

Java の実行環境とコンパイラは、それぞれ別々にインストールする必要があります。

最初に、Java の実行環境（Runtime Environment）がインストールされているか調べてみましょう。

```
$ java --version
コマンド 'java' が見つかりません。次の方法でインストールできます:
sudo apt install default-jre          # version 2:1.17-75, or
sudo apt install openjdk-17-jre-headless  # version 17.0.12+7-1ubuntu2~24.04
sudo apt install openjdk-21-jre-headless  # version 21.0.4+7-1ubuntu2~24.04
（以下略）
```

このように表示された場合は Java の実行環境がインストールされていません。次のコマンドを入力し、画面の指示に従って実行環境をインストールします。

```
$ sudo apt install default-jre
```

インストールが正常に終了するか、または元から実行環境がインストールされていた場合は次のように表示されます。

```
$ java --version
openjdk 21.0.5 2024-10-15
OpenJDK Runtime Environment (build 21.0.5+11-Ubuntu-1ubuntu124.04)
OpenJDK 64-Bit Server VM (build 21.0.5+11-Ubuntu-1ubuntu124.04, mixed mode,
sharing)
```

次に、「javac」を実行してインストール可能な Java JDK のバージョンを調べます。

```
$ javac
コマンド 'javac' が見つかりません。次の方法でインストールできます:
sudo apt install default-jdk              # version 2:1.17-75, or
sudo apt install openjdk-17-jdk-headless  # version 17.0.12+7-1ubuntu2~24.04
sudo apt install openjdk-21-jdk-headless  # version 21.0.4+7-1ubuntu2~24.04
（以下略）
```

ここでは「default-jdk」をインストールします。

```
$ sudo apt install default-jdk
```

Java のプログラム例

最も単純な Java のアプリケーションのコード例を次に示します。

```java
// JavaSample.java

public class JavaSample {

    public static void main(String[] args) {
        System.out.println("Hello, Java!");
    }
}
```

上記のサンプルプログラムは javac を使い、次のコマンドでコンパイルします。

```
$ javac JavaSample.java
```

そして、java コマンドでクラス名を指定して実行します。

```
$ java JavaSample
Hello, Java!
```

10.5 開発環境

プログラミングはテキストエディターとコンパイラやインタープリタで行うことができますが、高機能エディターや統合開発環境を使うとプログラムをより効率的に開発できます。

Visual Studio Code

Visual Studio Code は Microsoft が提供する高機能エディターで、Python や C/C++ のようなプログラミング言語だけでなく、HTML や XML などの記述言語もサポートしています。

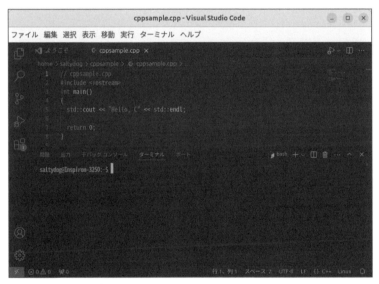

図 10.4 ● Visual Studio Code

Visual Studio Code は、アプリセンターで「code」で検索してインストールすることができます。

図 10.5 ● アプリセンターの Visual Studio Code のインストール

Visual Studio Code を端末からインストールする場合は、次のコマンドラインを実行します。

```
$ sudo snap install code
```

エラーになる場合は、オプション --classic を付けます。

```
$ sudo snap install code --classic
```

Visual Studio Code を起動するには、次のコマンドを使います（最後に & を付けることで端末と並行して使うことができます）。

```
$ code &
```

メニューなどの表示を日本語にするには、左のサイドバーに表示されている「Extension」から拡張機能「Japanese Language Pack for Visual Studio Code」をインストールします。インストールしたら再起動してから、［Ctrl］+［Shift］+［P］を押して「コマンド パレット」を表示して、上部に「display」と入力して「Configure Display Language」を選択します。するとインストールされている言語の一覧が表示されるので、「日本語」を選択します。

> 必要に応じて「Japanese Support for Language」や「Japanese Support for Language Tool」もインストールします（拡張機能をクリックすると表示される説明で判断します）。

また、プログラミング言語のファイルを開くと、その言語に関連する拡張機能をインストールするか尋ねられるので、必要に応じてインストールします。たとえば、C++ のソースファイルを開くと、「C/C++ Extension Pack」をインストールすることが推奨されるのでインストールします。

Eclipse

Eclipse は Java で作成された統合開発環境で、Java のプログラム開発と、プラグインを使って Python や C/C++ その他のプログラミング言語での開発に使われます。また、HTML や XML などの記述言語の編集を行うこともできます。

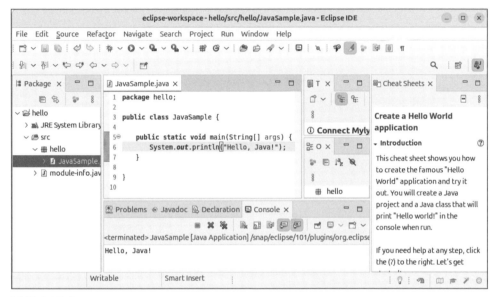

図 10.6●Eclipse

Eclipse はアプリセンターからインストールできます。

図 10.7●アプリセンターの Eclipse のインストール

または、端末から次のコマンドを実行してインストールすることもできます（エラーになる場合は、末尾の「eclipse」の後に「 --classic」を付けます）。

```
$ sudo snap install eclipse
```

10.5　開発環境　163

Eclipseを起動するには、Eclipseのアイコンをクリックするか、あるいは端末で次のコマンドを使います（最後に & を付けることで端末と並行して使うことができます）。

```
$ eclipse &
```

　Eclipseが起動すると、最初にワークスペースを選択するためのダイアログボックスが表示されます。特に他のディレクトリを選択する理由がなければ、デフォルトで［Launch］をクリックすると、Eclipseが表示されます。

　Eclipseを日本語化するには、次の手順を実行します。

（1）　Eclipseを起動して、メニューの［Help］→［Install New Software］を選択します。
（2）　［Work with］に以下のURLを入力します。

　　　　https://download.eclipse.org/technology/babel/update-site/latest/

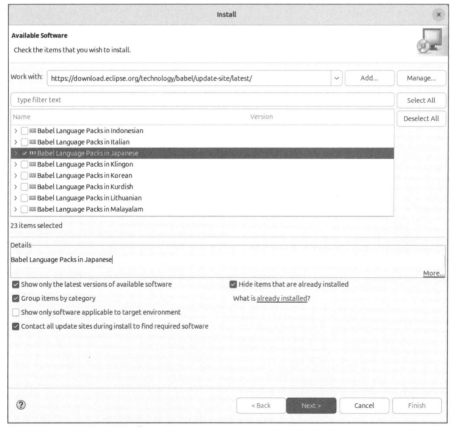

図 10.8 ● ソフトウェアの「install」

［Babel Language Packs in Japanese］を選択し、［Next］をクリックします。ライセンス条項の確認が表示されたら［I accept the terms...］にチェックを入れ、［Finish］をクリックします。

> Eclipse のステータスバーにインストールの進捗状況がパーセントで表示されますが、インストールにはかなり時間がかかります。

Eclipse を再起動すると、日本語化されています。

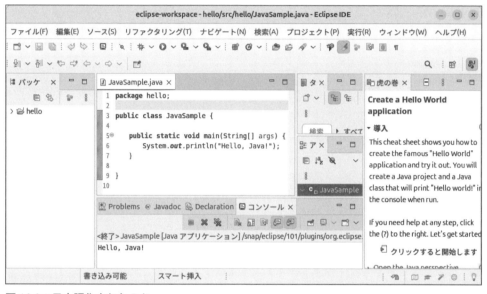

図 10.9 ● 日本語化された Eclipse

Qt

GUIアプリの効率的な開発にはQtを使うと良いでしょう。

Qtは、LinuxだけでなくWindowsやmacOS、Android、iOSなどと組み込みLinuxデバイス用のQtアプリを開発できるGUI開発フレームワークです。QtはGUI開発フレームワークですが、GUI以外にもマルチメディア、ネットワーク、データベースなどさまざまな機能をサポートしています。

Qtに含まれるQt Creatorは、Qtアプリケーション開発のための統合開発環境（IDE）で、Qtでの開発を効率よく行うための豊富な機能が提供されています。たとえば、デバッグやフォームデザイン、ソースコードの解析や整形などもQt Creatorで行うことができます。

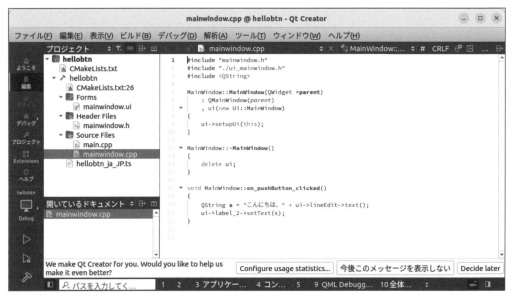

図10.10●Qt Creator

QtをインストールするときにはあらかじめC/C++コンパイラ（gcc/g++やclang）をインストールしておくとよいでしょう。

Qtのオープンソース版は下記のサイトからダウンロードできます。

https://www.qt.io/download-qt-installer-oss

このサイトからLinux用のインストーラーをダウンロードしたら、端末を開いてファイルをダウンロードしたディレクトリに移動します。インストーラーを実行するために、chmodコマンドでファイルの属性を変更してから実行します。具体的には次のようなコマンドを入力します（ファイルやディレクトリの名前は適宜変更してください）。

```
$ sudo chmod u+x qt-online-installer-linux-x64-4.8.1.run
$ ./qt-online-installer-linux-x64-4.8.1.run
```

　インストールするために、メールアドレスとパスワードを指定して、Qtアカウントを作成する必要があります。なお、インストール後に、Qt Maintenance Toolでモジュールを追加インストールすることができます。

　インストールしたら、新しいプロジェクトを作成して、ウィンドウ（フォーム）をデザインしてコードを追加することでアプリを作成できます。5分で作ったアプリの例を次図に示します。

図10.11●5分で作ったアプリの例

付録

A   Linux の主要な操作
B   トラブル対策
C   参考リソース

付録 A　Linux の主要な操作

　ここでは Linux の主要な操作を簡潔にまとめます。必要に応じて第 3 章「基本操作と設定」や man コマンドで表示できるマニュアル、その他のドキュメントなどを参照してください。なお、システム管理者の権限が必要なコマンドを端末から実行して「許可がありません」というメッセージが表示された場合は、コマンドの前に「sudo」を付けて実行し、パスワードが要求されたらパスワードを入力してください。

ファイルとディレクトリを表示する（ls）

　ls コマンドは、ファイルやディレクトリを表示します。

　次の例は、カレントディレクトリのファイルとフォルダーを表示します。

```
$ ls
snap    ダウンロード    デスクトップ    ビデオ      ミュージック
test    テンプレート    ドキュメント    ピクチャ    公開
```

　次の例は、オプション -l を付けて実行する例で、カレントディレクトリのファイルとディレクトリを詳細な情報（プロパティ）とともに表示します。

```
$ ls -l
合計 40
drwx------ 5 saltydog saltydog 4096 10月 28 16:09 snap
drwxrwxr-x 2 saltydog saltydog 4096 11月  5 14:52 test
drwxr-xr-x 3 saltydog saltydog 4096 10月 28 19:17 ダウンロード
drwxr-xr-x 2 saltydog saltydog 4096 10月 28 10:23 テンプレート
drwxr-xr-x 2 saltydog saltydog 4096 10月 28 10:23 デスクトップ
drwxr-xr-x 2 saltydog saltydog 4096 11月  5 14:47 ドキュメント
drwxr-xr-x 2 saltydog saltydog 4096 10月 28 10:23 ビデオ
drwxr-xr-x 3 saltydog saltydog 4096 10月 30 11:09 ピクチャ
drwxr-xr-x 2 saltydog saltydog 4096 10月 28 10:23 ミュージック
drwxr-xr-x 2 saltydog saltydog 4096 10月 28 10:23 公開
```

　次の例は、オプション -a を付けて実行する例で、カレントディレクトリの隠しファイルを含めたすべてのファイルとフォルダーの名前を表示します。

```
$ ls -a
```

```
.                  .cache   .profile                        test            ビデオ
..                 .config  .python_history                 ダウンロード    ピクチャ
.bash_history .lesshst  .sudo_as_admin_successful テンプレート    ミュージック
.bash_logout  .local   .thunderbird                    デスクトップ    公開
.bashrc            .mozilla snap                           ドキュメント
```

オプション -la または -al を付けて実行すると、隠しファイルも含めてすべてのファイルと
ディレクトリがプロパティと共に表示されます。

ファイルをコピーする（cp）

cp はファイルをコピーします。複数のファイルを一度にコピーしたり、ファイル名に特定の
文字列を含むファイルだけをコピーすることもできます。

次の例は、ファイル a を b にコピーします。b が存在する場合は上書きし、存在しない場合
は b を作ります。

```
$ cp a b
```

次の例は、ファイル名が abc で始まってファイルの拡張子が txt であるすべてのファイルを
まとめて work というディレクトリにコピーする例です。

```
$ cp abc***.txt ./work/
```

ファイルやディレクトリを削除する（rm）

rm はファイルやディレクトリを削除します。

次の例は、カレントディレクトリにあるファイル fname を削除します。

```
$ rm fname
```

次の例は、カレントディレクトリにあるファイルをすべて削除します。

```
$ rm *
```

次の例は、カレントディレクトリにある空のディレクトリ dir を削除します。

```
$ rm dir
```

付録 A　Linux の主要な操作

次の例は、カレントディレクトリにあるディレクトリ work とそのサブディレクトリにあるすべてを削除します。

```
$ rm -r work
```

テキストを表示する（cat）

cat コマンドを使って端末にテキストファイルの内容を表示することができます。

```
$ cat samplejp.txt
これはsampleのテキストファイルです。
2行目だよ。
```

カレントディレクトリを変更する（cd）

次の例は、カレントディレクトリを「ドキュメント」に変更します。

```
$ cd ドキュメント
```

次の例は、カレントディレクトリをその親ディレクトリ（カレントディレクトリを直接含むディレクトリ）に移動します。

```
$ cd ..
```

ファイルやディレクトリのプロパティを変更する（chmod）

ファイルやディレクトリのプロパティを変更するには、chmod コマンドを使います（第 3 章参照）。

次の例は、ユーザーに書き込み権を与える例です。

```
$ chmod u+w abc
```

ファイルやディレクトリの所有者を変更する（chown）

ファイルやディレクトリの所有者を変更するときには、chown コマンドを使います。

次の例は、ファイル abc の所有者を user1 に変更する例です。

172　付録

```
$ chown user1 abc
```

ファイルやディレクトリのグループを変更する（chgrp）

ファイルやディレクトリのグループを変更するときには、chgrp コマンドを使います。

次の例は、abc というファイルまたはディレクトリのグループを group1 に変更します。

```
$ chgrp group1 abc
```

カレントディレクトリを表示する（pwd）

pwd はカレントディレクトリを表示します。

```
$ pwd
/home/saltydog
```

ディレクトリを作成する（mkdir）

ディレクトリは mkdir で作成します。

次の例は、カレントディレクトリに mydoc というディレクトリを作成する例です。

```
$ mkdir mydoc
```

ディスクやフォルダーのサイズや容量を調べる（df）

ディスクやフォルダーのサイズや容量を調べるときには df コマンドを使います。

```
$ df
Filesystem     1K-blocks     Used Available Use% Mounted on
tmpfs            1631344     1788   1629556   1% /run
/dev/sda5     238736028 11963784 214572260   6% /
tmpfs            8156716        0   8156716   0% /dev/shm
tmpfs               5120        4      5116   1% /run/lock
/dev/sda1         523248        4    523244   1% /boot/efi
tmpfs            1631340      116   1631224   1% /run/user/1000
```

付録A Linux の主要な操作　　173

各項目の意味は次のとおりです。

- **Filesystem**：ファイルシステム
- **1K-blocks**：使用できるディスク容量
- **Used**：ディスクの使用量
- **Available**：ディスクの空き容量
- **Use%**：ディスク使用率
- **Mounted on**：マウントされている場所

使用量や空き容量などはブロックサイズで表されているので、より見やすくディスク容量を G（ギガバイト）、M（メガバイト）、K（キロバイト）などの単位で表示したい場合はオプション -h を使います。

```
$ df -h
Filesystem      Size  Used Avail Use% Mounted on
tmpfs           1.6G  1.8M  1.6G   1% /run
/dev/sda5       228G   12G  205G   6% /
tmpfs           7.8G     0  7.8G   0% /dev/shm
tmpfs           5.0M  4.0K  5.0M   1% /run/lock
/dev/sda1       511M  4.0K  511M   1% /boot/efi
tmpfs           1.6G  116K  1.6G   1% /run/user/1000
```

直前に入力したコマンドラインを再度実行する（!!）

!! を実行すると、直前に入力したコマンドラインを再度実行することができます。

```
$ gcc -o sample sample.c    （このあとソースファイルをエディターなどで編集する）
$ !!                        （同じコマンドラインを実行してコンパイルする）
gcc -o sample sample.c
```

以前に入力したコマンドラインを調べる（history）

端末に入力したコマンドラインの履歴は history で調べることができます。ヒストリーで表示された番号の前に ! を付けて実行すると、前に実行したコマンドラインを再度実行できます。次の例は、gcc を実行した後いくつかのコマンドを実行し、history で前に実行した gcc のコマンドラインの番号を調べて、「!12」で再び同じコマンドラインを実行する例です。

174　付録

```
$ gcc -o sample sample.c
$ ls
$ pwd
$ history
  012 gcc
  013 ls
  014 pwd
  015 history
$ !12
gcc -o sample sample.c
```

入力したコマンドラインを少し変えて実行する (^ ～ ^...^)

一度実行した入力したコマンドラインを少しだけ変えて再度実行することができます。

次に示すのは、「gcc -o sample sample.c」の「sample.c」を「sampl.c」と間違えて入力してしまったのを、コマンドラインで修正して再実行する例です。

```
$ gcc -o sample sampl.c
$ ^sampl.c^sample.c^
gcc -o sample sample.c
```

パッケージ (アプリ) をインストールする (snap、apt)

アプリセンター (Ubuntu 22.04 の場合は Ubuntu Software) に表示されたり検索できるアプリは、アプリセンターで [インストール] をクリックすることでインストールできます。

端末からパッケージやアプリをインストールするときには、システム管理者の権限で snap または apt コマンドを使い、install を指定してインストールします。パッケージの名前が pkg のときのコマンドは以下のとおりです。

```
$ sudo snap install pkg
$ sudo apt install pkg
```

なお、update を指定して apt を実行すると、パッケージ情報を更新することができます。

```
$ sudo apt update
```

付録A　Linux の主要な操作　175

パッケージ（アプリ）をアンインストールする（snap、apt）

アプリセンター（Ubuntu 22.04 の場合は Ubuntu Software）でインストールしたアプリは、アプリセンターで削除したいアプリを検索して［アンインストール］をクリックすることでアンインストールできます。

端末からパッケージやアプリをアンインストールするときには、システム管理者の権限でsnap または apt コマンドを使い、remove を指定してアンインストールします。パッケージの名前が pkg のときのコマンドは以下のとおりです。

```
$ sudo snap remove pkg
$ sudo apt remove pkg
```

アップデートなどが行われると、通常は不要なパッケージは自動的に削除されます。しかし、何らかの理由で削除されないものがある場合は「sudo apt autoremove」で削除することができます。

マニュアルを表示する（man）

man コマンドでコマンドや関数などのマニュアルを表示することができます。

たとえば、「man cp」を実行すると、コピーコマンドである cp についての解説が表示されます。スペースキーで次のページを見ることができ、マニュアルを［Q］で閉じることができます。

プロセスを終了する（kill、killall）

実行中のプロセス ID を ps コマンドで調べて kill コマンドで終了することができます。

プロセスの名前がわかっている場合には、killall コマンドでプロセスを終了することができます。

［Ctrl］＋［D］または［Ctrl］＋［C］で実行中のプログラムを終了できる場合があります。

画面をキャプチャーする

画面をキャプチャーする（スクリーンショットをとる）には、キーボードの［Print Screen］（キーの表示は［Prt Scr］などの場合もあります）を押します。

「選択範囲」、「画面」、「ウィンドウ」が表示されるので、いずれかを選び、丸いボタンをクリックします。

キャプチャーした画像は「ピクチャ」ディレクトリの中の「スクリーンショット」にキャプチャーした日時付きのファイル名で保存されます。

なお、コンテキスト（操作の流れ）によって、あるいは一部のゲームなどでは、この方法では画面をキャプチャーできません。

アプリやコマンドのバージョンを調べる

アプリやコマンドのバージョンを調べるときには、コマンド名のあとに --version を付けて実行します。次にコマンド（アプリ）のバージョンを表示する例を示します。

```
$ python3 --version
Python 3.12.3
```

次の例のように関連するファイルのバージョンも同時に表示される場合もあります。

```
$ snap --version
snap    2.65.3+24.04
snapd   2.65.3+24.04
series  16
ubuntu  24.04
kernel  6.8.0-48-generic
```

環境変数を表示する

環境変数に設定されている文字列を表示するときには echo コマンドを使います。
次の例は、環境変数 LANG に設定されている現在のシステムの言語を表示する例です。

```
$ echo $LANG
ja_JP.UTF-8
```

次の例は、環境変数 PATH に設定されているディレクトリを表示する例です。

```
$ echo $PATH
/usr/local/sbin:/usr/local/bin:/usr/sbin:/usr/bin:/sbin:/bin:/usr/games:/usr/
local/games:/snap/bin:/snap/bin
```

Ubuntu のバージョンを調べる

Ubuntu のバージョンを調べるときには、lsb_release を使います。
Ubuntu 24.04.1 LTS では、lsb_release コマンドの実行結果は次のように表示されます。

```
$ lsb_release -d
Description:Ubuntu 24.04.1 LTS
```

付録 A　Linux の主要な操作

あるいは次のようにすることでさらに詳しい情報を見ることができます。

```
$ lsb_release -a
No LSB modules are available.
Distributor ID:Ubuntu
Description:Ubuntu 24.04.1 LTS
Release:22.04
Codename:jammy
```

/etc/os-release ファイルの内容を確認することでも Ubuntu のバージョン情報を確認できます。

CD や DVD をマウントする

通常は、CD や DVD をドライブに挿入すると、自動的に認識されて、左側のダッシュボードに丸いマークが表示されます。

CD または DVD を明示的にマウントするには、それらをドライブに挿入して以下のコマンドを入力します。

```
$ mount -t iso9660 -o ro /dev/cdrom /cdrom
```

なお、システム構成によっては、ディスクをマウントするためにシステム管理者の権限が必要な場合があります。その場合は sudo コマンドを使って上記のコマンドを実行して、Linux をインストールしたときに設定したパスワードを入力します。

テキストファイルのエンコードを変換する（iconv）

テキストファイルのエンコードを SJIS から UTF-8 に変換するには、iconv コマンドを使います。

```
$ iconv -f sjis -t utf8 sjis.txt > utf8.txt
```

入力ファイルのエンコードはオプション -f で指定し、ターゲットのエンコードはオプション -t で指定します。上の例では、オプション「-f sjis」は入力ファイルのエンコードが SJIS であることを指定し、オプション「-t utf8」はターゲットのエンコードが UTF-8 であることを表します。sjis.txt は SJIS から UTF-8 に変換したいテキストファイルの名前です。「>」とそのあとにファイル名を指定することで指定した名前のファイルが作成されて結果が保存されます。

iconv が扱うことができるエンコードは、オプション -l を指定することで表示されます。

```
$ iconv -l
The following list contains all the coded character sets known.  This does
not necessarily mean that all combinations of these names can be used for
the FROM and TO command line parameters.  One coded character set can be
listed with several different names (aliases).

 437, 500, 500V1, 850, 851, 852, 855, 856, 857, 858, 860, 861, ...
  ⋮
 ANSI_X3.110-1983, ANSI_X3.110, ARABIC, ARABIC7, ARMSCII-8, ...
  ⋮
```

付録A　Linux の主要な操作

付録 B　トラブル対策

ここではよくある問題とその解決のためのヒントを示します。

インストールメディアから起動できない

- BIOS の設定を変更してドライブの起動順位をインストールメディア（DVD や USB メモリー）のデバイスから最初に読み込むように変更します。PC の SSD かハードディスクの OS を最初に読み込む設定になっていることがあり、その場合は BIOS の設定を変えて、DVD か USB メモリーから読み込むように設定する必要があります。
- BIOS の設定でセキュアブートが有効（Enable）になっている場合は、セキュアブートを無効にします。セキュアブートを無効にするには次のようにします（実際の表記や表示内容は BIOS の種類によって多少異なります）。

  （1）　BIOS の設定画面で［セキュリティ］（Security）を選択します。
  （2）　上下の矢印キーを操作して［セキュアブート設定］（Secure Boot）を選択します。
  （3）　セキュアブートを「無効」（Disable）に設定します。

  上記の操作の代わりに「Change Boot Mode Setting」で「UEFI Boot Mode, Secure Boot Off」を選択するシステムもあります。
- BIOS のバージョンが古いと、Linux Ubuntu のバージョンによっては起動や再起動できないなどの現象が発生することがあります。必要に応じて BIOS を更新してください。

インストールや読み込みが終わらない

- インストールやインストールメディアの読み書きには時間がかかります。すぐに何かしようとせずに、そのまま待ってみてください。
  Linux Ubuntu 24.04 の場合、インストールするための iso ファイルのサイズが 5.8 GB あります。このサイズのファイルを読み書きするには、ドライブの性能によっては 30 分以上かかることがあります。
- インストールメディアへのアクセスが 1 時間以上も続いて終わらない場合は、インストールメディアが正しく作成されていないか、メディアが破損してデータを正常に読み込めなくなっている可能性があります。

Linux をインストールできない

● いろいろ試してみてもうまくインストールできない場合には、他のバージョンの Linux Ubuntu をインストールしてみるとよいでしょう。以前のバージョンは、たとえば、以下のサイトにあります。

　　http://cdimage-u-toyama.ubuntulinux.jp/releases/

● 他のディストリビューションの Linux や他の OS をいったんインストールしてから、目的の Linux Ubuntu を上書きインストールすることでインストールできる可能性があります。

● 残念ながら、Linux Ubuntu と相性の良くない PC も少しあります。いろいろやってみてもうまくインストールできない場合や、アップグレードやアップデートの際に再起動できなくなるような PC の場合は、その時点での Linux Ubuntu での利用は諦めて、CentOS や Chrome OS のような他の OS をインストールすることを検討してみるのも悪くはないでしょう。

Linux を起動できない

● Linux のインストール後の再起動時に Linux を起動できない場合は、BIOS の設定で、インストールメディアが挿入されている DVD や USB メモリーから起動する設定になっていないか確認してください。

● PC によっては、BIOS の設定で、起動を UEFI ではなくレガシーブート（Legacy boot）でインストールすることで問題を解決できる場合があります。

● Linux と Windows の両方をインストールした場合は、起動時に Linux を明示的に選択する手順が必要な場合があります。

Snap Store をアップデートできない

　アップデートしようとすると、「Snap Store をアップデートできない」というメッセージが表示されてアップデートできないことがあります。

　その場合は、Snap Store をいったん終了してから、以下のコマンドを実行してアップデートします。

```
$ sudo killall snap-store
$ sudo snap refresh snap-store
```

付録 B　トラブル対策　181

アプリが起動しない

- アプリが起動するまで多少時間がかかることがあります。特に最初に起動するときに時間がかかるアプリがあります。少し待ってみてください。
- アプリのアイコンをクリックしてもそのアプリが起動しない場合は、「ソフトウェアの更新」でソフトウェアのアップデートを行ってみてください。
- アプリを一度アンインストールしてから、再インストールしてみてください。再インストールする前にログアウトしたり再起動すると良い場合もあります。
- 端末からアプリを起動しようとしても起動しない場合は、タイプミスがないか、あるいは、実行可能ファイルにパスが通っているかどうか調べてください（パスが通るとは、環境変数 PATH にそのファイルが存在するディレクトリが含まれていることを意味します）。
- アプリを、アイコンをクリックして起動するのではなく、端末からコマンドで起動してみてください。アプリを起動できない理由を示すメッセージが表示される場合があります。

アプリやプラグインがインストールできない

- Web サイトが変更されている場合や、アプリやプラグイン、モジュールなどのバージョン / リビジョンが変わっているために URL も変わっていることがあります。新しいサイトを検索してください。
- サイトが一時的にダウンしているか、メンテナンス中などでアクセスできない可能性があります。しばらく（最低でも数時間）待ってから再度試してみてください。

日本語入力がおかしい

- 日本語入力で問題があって設定を変更してもうまくいかない場合は、他の日本語入力システムをインストールして試してください。
  たとえば、次のコマンドで Fcitx5-Mozc をインストールします。

```
$ sudo apt install fcitx5-mozc
```

そして、「設定」アプリを起動して、[システム] → [地域と言語] で「システム」の「Manage Install Languages」をクリックして「言語サポート」を表示し、「キーボード入力に使う IM システム」で「Fcitx5」を選択します。そして一度ログアウトしてから再度ログインします。

CDやDVD、Blu-rayディスクを再生できない

- アプリやドライブがDVDやBlu-rayをサポートしていない場合、再生できません。
- ドライブがディスクを認識していないと再生できません。ドライブがディスクを認識すると、左側のパネルに丸いディスクのマークが表示されます。

電源が切れない

- ［電源オフ］を実行しても電源が切れない場合は、ハードウェアまたはハードウェアの設定に問題があるかもしれません。状況と対処方法は個々のハードウェアによって異なりますので、ハードウェアのマニュアルなどを参照するかメーカーに問い合わせるか、あるいはWeb上の情報を検索するなどしてください。

プログラムが終了しない

　実行中のプログラムが終了できなくなった場合には、次のような方法でプログラムを終了することができます。

- ［Ctrl］+［D］または［Ctrl］+［C］を押します。
- 「システムモニター」アプリ（gnome-system-monitor）を端末から次のように別のプロセスとして起動します。

```
$ gnome-system-monitor &
```

「Processes」で終了したいプログラムを選択して［プロセスを終了］をクリックします。
- 実行中のプロセスIDをpsコマンドで調べてkillコマンドで終了するか、killallコマンドで終了します。

「Segmentation fault」と表示されてプログラムを実行できない

- Segmentation faultはアクセスしてはならないメモリー領域にアクセスしようとしたなどのプログラムの重大なエラーが発生したときに報告されます。このエラーはプログラムのユーザーには対処できません。開発者が問題を解決するのを待つか、同じような機能を持つ別のプログラムを使ってください。

印刷できない

- Ubuntu でサポートされていてネットワークで接続されたプリンターは、電源が入れられると自動的に認識されて使えるようになります。プリンターが Ubuntu でサポートされていない場合は、プリンターのメーカーに Linux Ubuntu での印刷の仕方について問い合わせてください。
- プリンターに対応するドライバーがなくてプリンターを接続できないような場合は、PDF や HTML にして Windows の PC のプリンターで印刷したり、あるいは USB メモリーなどに PDF として保存してコンビニのコピー機で印刷することもできます。

メールを送信できない

- メールアドレスとパスワードが間違っていないか調べてください。
- メールサーバーに固有の設定が必要になることがあります。また、たとえば Yahoo メールで ID をシークレット ID などの設定をしているとメールを送信できない場合があります。メールサーバーやプロバイダの情報を調べてください。

英語が表示される

- バージョンやアプリによっては、さまざまな表記やメッセージなどに英語が表示されることがあります。Linux はボランティアの手によって日本語化されているので、日本語化が完全ではないことがあります。ほとんどの場合、やさしい英語ですので、わからない単語は調べるなどして、日本語に置き換えて対応してください。

Python でモジュールをインポートできない。

次のようなメッセージが表示されて、モジュールをインポートできないことがあります。

```
ModuleNotFoundError: No module named 'module'
```

その場合は、次のコマンドでモジュールをインストールします。

```
$ sudo apt install python3-module
```

あるいは次のコマンドでインストールします。

```
$ pip install module
```

pip がインストールされていない場合は、以下のコマンドで pip をインストールします。

```
$ sudo apt install python3-pip
```

画面に何も表示されない

● インストール時や再起動時に画面に何も表示されなくなる場合には、使用しているグラフィックボードがサポートされていない可能性があります。グラフィックボードを取り外して、マザーボードのオンボードグラフィックスでディスプレイと接続してみてください。その後、可能であればグラフィックボードのドライバをインストールします。

どうしても問題が解決しない

Web 上でいろいろ検索してもどうしても問題が解決しない場合は、以下のような方法を試してみましょう。

● アプリをアップデートしてみる。アプリをアップデートしても問題が解決せず、かつ、深刻な問題ではなくて代替の方法がある場合は次のアップデートまで待ってみる。
● Linux Ubuntu に詳しい周囲の人にきいてみる。
● Yahoo! 知恵袋のような質問サイトできいてみる。
● ChatGPT のような AI にきいてみる。
● アプリを一度アンインストールして、再インストールしてみる。
● データのバックアップを取ってから、OS（Linux Ubuntu）を含めて全体を再インストールしてみる。
● Ubuntu 日本語フォーラム（https://forums.ubuntulinux.jp）できいてみる。
● Ubuntu コミュニティー（https://www.ubuntulinux.jp/community）できいてみる。
● ハードウェア（特にハードディスク）に問題がないか調べる。

付録 B　トラブル対策

付録 C　参考リソース

● Ubuntu

https://jp.ubuntu.com/

https://www.ubuntulinux.jp/ubuntu

● Ubuntu 日本語フォーラム

https://forums.ubuntulinux.jp

● Ubuntu コミュニティー

https://www.ubuntulinux.jp/community

● Ubuntu ドキュメント

https://help.ubuntu.com/

https://help.ubuntu.com/lts/ubuntu-help/index.html

● Windows 11 インストール

https://www.microsoft.com/ja-jp/software-download/windows11

索引

記号

!!	174
^ ～ ^...^	175

A

apt	175, 176
Audacity	128
AV	122

B

BIOS	2, 12, 18

C

C++ 言語	155
Calc	94
cat	172
cd	172
chgrp	173
chmod	172
chown	172
Chrome	75
cp	171
C 言語	152

D

df	173

E

Eclipse	163
exit	47

F

FFmpeg	132
Firefox	74
FlightGear	138
FreeCAD	112

G

g++	158
gcc	154
gedit	57
GIMP	108
Gjiten	70
gufw	84

H

history	174

I

iconv	69, 178

J

Java	159

K

kill	176
killall	176

L

LaTeX	116
LibreOffice	90
LibreOffice Base	98
LibreOffice Calc	94
LibreOffice Draw	95
LibreOffice Impress	97
LibreOffice Math	98

187

LibreOffice Writer	91
Linux	2
Livepatch	35
ls	170
lsb_release	47
LTS	3

M

man	48, 176
mkdir	173
Mozc	65
MuseScore	130

O

ODF	93
OpenShotVideo Editor	129
Opera	77
OS	2

P

PC 正常性チェック	5
PDF の閲覧	114
PDF の作成	115
Pinta	111
pwd	47, 173
Python	146

Q

QR コード	105
Qt	166

R

rm	171
Rufus	17

S

Segmentation fault	183
snap	175, 176
sudo	47

T

Thunderbird	79
ToDo リスト	103
TPM 2.0	7

U

Ubuntu	2
Unicode	62
UTF-8	62

V

Visual Studio Code	161
Vivaldi	82
VLC	126

W

Web コンテンツ	120
Web ブラウザ	74
WiFi ネットワークに接続する	21
Windows	3
Writer	91

X

Xonotic	136

あ

アカウントの設定	25
アクセシビリティ	20
アップデートと他のソフトウェア	31
アプリ	2
アプリケーション	23
アプリセンター	44
アプリの表示	42
インストール	18, 29
インストールイメージ	16
インストールの種類	22, 32
インストールメディア	12, 16
インストール要件	5
ウィルス対策ソフト	60

エディション	4
エディター	161
エンコーディング	69
オーディオ	124
オーディオの編集	128
オフィススイート	90
音楽作成・編集	130
オンラインアカウント	35

か

カーネル	2
回復ドライブ	10
隠しファイル	51
画像ビューアー	108
画像編集	108
かな漢字変換	62
壁紙	60
環境変数	177
キーボードレイアウト	20, 31
記号の入力	63
クロンダイク	135
ゲーミング PC	142
ゲーム	134
コンパイル	154, 158
コンピューターを最適化	24

さ

サウンド	122
サポート期間	3, 4
システム情報	9
システムの終了	28
実行	154
シフト JIS	69
修復ディスク	10
推奨システム	8
数式作成	98
スクリーンショット	176
スクリプトファイル	149
ストレージ	2

スライド作成	97
設定	59
ソリティア	134

た

ターミナル	45
タイムゾーン	26
ダッシュボード	42
端末	45
通知	52
ディスククリーンアップ	11
ディスクのセットアップ	24
ディストリビューション	2
データベース	98
テキストエディター	55
電卓	102
統合開発環境	163

な

認証	43
ネットワークに接続	21

は

バーコード	105
バージョン	4, 47, 177
バックアップ	10
ビデオ	125
ビデオドライバー	144
ビデオの編集	129
表計算	94
ファイアウォール	84
ファイルの操作	50, 52
ファイルやディレクトリのプロパティ	52
フォント	68
プライバシー	37
プロダクトキー	11
プロパティビット	54
ボリューム	123

ま

マウント	178
マニュアル	48
メール	78
文字	62

や

読み書き実行権	54

ら

ライセンス	12
ライブ CD	16
ライブラリ	151
リソース	2

わ

ワードプロセッサー	91

■ 著者プロフィール

日向 俊二（ひゅうが・しゅんじ）

フリーのソフトウェアエンジニア・ライター。

前世紀の中ごろにこの世に出現し、FORTRAN や C、BASIC でプログラミングを始め、その後、主にプログラミング言語とプログラミング分野での著作、翻訳、監修などを精力的に行う。

わかりやすい解説が好評で、現在までに、Python、C/C++、C#、Java、Visual Basic、XML、アセンブラ、コンピュータサイエンス、暗号などに関する著書・訳書多数。

Linux で快適 PC ライフ
―最新の Windows をインストールできない PC の徹底活用術―

2025 年 2 月 10 日　　初版第 1 刷発行

著　者	日向 俊二
発行人	石塚 勝敏
発　行	株式会社 カットシステム
	〒 169-0073 東京都新宿区百人町 4-9-7　新宿ユーエストビル 8F
	TEL （03）5348-3850　　FAX （03）5348-3851
	URL　https://www.cutt.co.jp/
	振替　00130-6-17174
印　刷	シナノ書籍印刷 株式会社

本書に関するご意見、ご質問は小社出版部宛まで文書か、sales@cutt.co.jp 宛に e-mail でお送りください。電話によるお問い合わせはご遠慮ください。また、本書の内容を超えるご質問にはお答えできませんので、あらかじめご了承ください。

■ 本書の内容の一部あるいは全部を無断で複写複製（コピー・電子入力）することは、法律で認められた場合を除き、著作者および出版者の権利の侵害になりますので、その場合はあらかじめ小社あてに許諾をお求めください。

© 2024 日向俊二

Printed in Japan　ISBN978-4-87783-547-7